单兆鉴　编著
By Shan Zhaojian

冰雪鉴

雪鉴

Altay,
the Cradle of Skiing

人类滑雪的摇篮

北京出版集团公司
北 京 出 版 社

“冰雪鉴”编委会

序言

从阿勒泰到北京

奥地利诗人里尔克在《献给俄耳甫斯的十四行诗》中这样写道："诉诸静止的大地，我流过去；告诉激荡的流水，我在这里。"

阿勒泰曾经激荡，也曾经寂静，却没有像今天这样引人注目且色彩斑斓。

2015 年 7 月 31 日 18 点，随着国际奥委会主席巴赫宣布北京申办 2022 年冬奥会成功，北京又一次创造历史——将成为第一个举办夏、冬奥运会的城市。

阿勒泰各族群众载歌载舞欢庆这不同寻常的时刻，既是为中国、为北京庆祝，也是在为阿勒泰加油！

据有关专家研究推断，人类最早的冰雪活动应当是滑雪，而滑雪运动又是冬奥会的经典比赛项目。1924 年第 1 届冬季奥运会，即已将滑雪列为正式比赛项目。

但是，滑雪运动最早起源于哪里？这个问题，既是关于滑雪历史文化的研究，又与弘扬滑雪文化、冬奥文化息息相关。

长期以来，关于滑雪运动起源地，世界上存在着多种说法：一是起源于北欧，考古学者在挪威北部发现一幅公元前 2500 年左右的岩画，上面刻有一个穿着巨大滑雪板的人。1921 年又在瑞典那姆特兰省的雪山上发现了约 4500 年前的滑雪板。二是起源于俄罗斯，20 世纪 60 年代，在俄罗斯东北部乌拉尔山脉的泥炭沼泽中，发现了据称约 8000 年前的滑雪板残片。

但是，近些年来的考古研究将以往的说法一并修改。单兆鉴是中国第一位全国滑雪冠军，自幼喜爱滑雪，从事滑雪运动 60 余年，执着于探寻滑雪运动的历史。从 1993 年起，历经 13 年的考察、研究，12 年的宣传推介，在前后 25 年期间，协同相关专家，与阿勒泰市政府共同策划了三次重要会议；主笔起草并发布两篇《阿勒泰宣言》；撰写和汇编了两部书籍《人类滑雪起源地——中国新疆阿勒泰》《中国阿勒泰国际古老滑雪文化论坛报告》。通过“会议”“宣言”“书籍”，全面、系统、科学地阐述和论证了滑雪在一万年至三万年前就起源于中国新疆阿勒泰地区。

这一论断，逐渐得到国内外滑雪界的广泛认可。2006 年 12 月，时任中国滑雪协会主席的王揖涛先生在北京人民大会堂新闻发布会上宣布：“中国新疆阿勒泰是至今为止人类滑雪最早的起源地。

崇高的奖赏

阿勒泰的古老滑雪穿越万年时空

国际滑雪历史协会授予单兆鉴“滑雪历史文化研究终身成就奖”

这一宣言是面向世界、面向人类的！”“让我们携起手来，继续努力工作，使得这一学说能在全国、全世界得到广泛认可……”。2010 年国际滑雪指导员联合会给单兆鉴颁发特别奖牌，表彰“单兆鉴——为世界滑雪运动作出贡献”。2016 年，国际滑雪联合会主席致信单兆鉴，表示“对您的研究成果给予认可”，要求“把相关研究分享给世界各地的滑雪历史博物馆，同时也分享给更多的滑雪大众”。2017 年 1 月，挪威滑雪协会赠予单兆鉴感谢状，称“感谢单兆鉴为世界古老滑雪研究作出的伟大贡献”。

2018 年 3 月，国际滑雪历史协会（ISHA）授予单兆鉴“滑雪历史文化研究终身成就奖”，称其为“中国现代滑雪之父”。这是该协会颁发的最高奖项。

20 世纪中期，几位新疆阿勒泰市牧民的顽童在其家乡汗德尕特乡境内的敦德布拉克河谷发现了一处岩画群。该岩画群其中的一幅，处于一个古彩岩窟的顶面，上面绘有多名“滑雪者”以及野牛、野马等动物的线条图形；另一幅绘有 4 人，其中二人踩在一个长条形物件上，最右者脚蹬长物件，左手持一根长棍。

后经多学科专家鉴定，考古学家认为，该岩画属于旧石器时代晚期，至今有一万年至三万年历史。滑雪研究者还发现，这些“滑雪者”脚踏雪板、手持单杆滑雪杖，与阿勒泰各族人的滑雪姿态惊人相似。他们推断，现代阿勒泰各族人广泛沿袭的脚踏自制“毛皮滑雪板”、手持单杆滑雪杖在雪地滑行的古老传统，就是对这种原始滑雪狩猎活动的演化和传承。

2006 年 1 月 16 日和 2006 年 12 月 15 日，对于世界滑雪历史具有重大意义的《阿勒泰宣言》先后于阿勒泰市、北京人民大会堂两次发布，正式确认阿勒泰为世界滑雪最早起源地。2015 年 1 月，中国阿勒泰国际古老滑雪文化交流研讨会举行，来自挪威、瑞典、芬兰、美国等 18 国的 30 余位滑雪历史研究专家联名发表了《2015 中国阿勒泰国际古老滑雪文化交流研讨会专家宣言》（以下简称《2015 阿勒泰宣言》），认同中国新疆阿勒泰是世界上最古老的滑雪区域。

阿勒泰素有“金山银水”“冰雪之乡”等美誉。每年的 11 月至次年的 4 月均为冬季，漫长且寒冷。在这长达近半年的冰雪期，造就了阿勒泰得天独厚的冰雪资源，营造出人类滑雪起源的基本条件。

现在，单兆鉴仍然在做相关的推广宣传工作。他认为，随着 2022 年冬季奥运会的临近，人们对于阿勒泰滑雪历史的认识也将随之增强。他还建议，将北京冬奥会火炬传递的第一站设在阿勒泰。因为“那是人类滑雪文化的起源地”。

从阿勒泰到北京的地理距离有 3000 多千米，而阿勒泰为北京冬奥会所做的文化准备却已经长达至少万年！我们期待随着北京冬奥会的举办，中国冰雪运动能够扎实普及，冰雪文化传统能够持久传承下去！

PREFACE
From Altay to Beijing

The Austrian poet Rilke once wrote in Sonnets to Orpheus that "Say to the silent earth: I flow. To the rushing water, speak: I am."

Altay has had its stirring and silent days in the past, but never has it been so dazzling as it is today.

At 18:00 on July 31, 2015, as Bach the President of the International Olympic Committee announced the success of Beijing-Zhangjiakou in the bid to host the 2022 Winter Olympics, Beijing once again made history—to become the first city ever to host both the Summer and Winter Olympic Games.

The people of Altay from all ethnic groups celebrated this unusual moment by singing and dancing, voicing congratulations not only to Beijing, but also to Altay.

According to inferences from experts concerned, the earliest ice activities undertaken by humans must have been skiing, which happens to be a classic competition event of the Winter Olympics. At the 1st Winter Olympic Games in 1924, skiing was officially inscribed as an event to be contested.

However, where did skiing first originate? This question is of relevance not only to historical study of ski culture, but also to the promotion of ski culture and Winter Olympics culture.

For a long time, there have been contending claims about the origin of skiing globally. One theory holds that skiing originated in Northern Europe, on that ground a skier wearing a giant ski engraved in a rock painting of around 2500 BC discovered by archaeologists in northern Norway.

In 1921, snowboards dating back about 4,500 years were found in the snow-capped mountains of Jämtland Province, Sweden. The second theory believes that it originated in Russia. In the 1960s, ski fragments purported 8000 years old were discovered in peat swamps in the Ural Mountains in northeastern Russia.

However, archaeological research in recent years has modified the previous claims. Shan Zhaojian as China's first ski champion has loved skiing since childhood. Engaged in the sport for more than 60 years, he is dedicated to exploring its history. From 1993, he spent 13 years in investigation and research of skiing and 12 years in its publicity and promotion. In the lapse of 25 years, with the help of relevant experts, he planned three important conferences on skiing, together with the People's Government of Altay City. He drafted and released two versions of Altay Declaration, edited and published two books, including The Original Place of Skiing—Altay Prefecture of Xinjiang, China and Altay-China International Ancient Ski Culture Forum Report. Through those meetings, declarations, and books, he has demonstrated that skiing originated in Altay region of Xinjiang, China about 10,000 to 30,000 years ago in a comprehensive, systematic, and scientific manner.

His conclusion has gradually been recognized by the ski community at home and abroad. In December 2006, Mr. Wang Yitao, the then Chairman of the Chinese Ski Association, announced at the press conference at the Great Hall of the People in Beijing

High prize

Ancient Altay Skiing coming through tens-of-thousands-of-years

The International Ski History Association(ISHA) honored Shan Zhaojian the history and cultural research expert of "Lifetime Achievement Afward"

that "Altay of Xinjiang, China is so far the earliest known origin of human skiing. The Altay Declaration is oriented at the world and the entire human race." "Let's continue to work hard together so that the theory can be widely recognized throughout China and the world..." In 2010, the International Ski Instructors Association awarded a special medal to Shan Zhaojian in recognition of his contributions to the world of skiing." In 2016, the President of the International Ski Federation wrote a letter to Shan Zhaojian, saying that "[we fully] recognize your research findings. Please kindly share relevant research findings with ski history museums around the world, and also ski lovers among the public." In January 2017, the Norwegian Ski Association sent a thank-you note to the Shan Zhaojian, saying "In gratitude to you for your great contributions to the world's ancient ski research."

In March 2018, the International Ski History Association(ISHA) honored Shan Zhaojian the history and cultural research expert of "Lifetime Achievement Afward" and "Father of China's Mordern Skiing".

In the middle of the 20th century, several boys of Altay herders discovered a group of rock paintings in the Dundebulak valley in their hometown in Handegate Township, Xinjiang. The one on the ceiling of ancient-colored grotto features many sketched images of "skiers" with wild cattle and wild horses. The other shows four people, with two standing on an elongated gear. The right-most one is shown standing on the gear, with a long pole in the left hand.

After identification by experts from multiple disciplines, archaeologists believed that the rock paintings belong to the late Paleolithic era, with a history of 10,000 to 300,000 years. Skier researchers also found that these "snow gliders" were wearing snowboard and holding the skiing pole in one hand, with striking resemblance to modern skiing posture of Altay people. They inferred that the ancient tradition widely followed by modern Altay skiers of wearing " skis" and "single-rod ski sticks" in skiing constitutes evolution and inheritance of this original ski-hunting activity.

On January 16 and December 15, 2006, the Altay Declaration, a document of great significance to the world of skiing, was promulgated in Altay City and the Great Hall of the People in Beijing. Altay was officially recognized as the earliest origin of skiing in the world.

In January 2015, the China Altay International Seminar on Ancient Ski Culture was held in Altay City, China. More than 30 experts of ski history from 18 countries including Norway, Sweden Finland and the United States jointly issued the 2015 Altay Declaration, confirming that Altay was the oldest ski area in the world.

Altay has long been known for its "golden mountains and silvery rivers." As "home of snow", it has a long and cold winter, extending from October to April the following year. The ice and snow covering the city for nearly half a year has also created unique snow and ice resources and the basic conditions for the germination of human skiing.

Now, Shan Zhaojian is still engaged in related promotion endeavors. He believes that with the approach of the 2022 Winter Olympics, popular understanding of Altay's skiing history will be enhanced. He also suggests making Altay the first stop of the torch relay for the Beijing Winter Olympics on the ground that it is the origin of human skiing culture.

Altay is located more than 3,000 kilometers from Beijing, but its cultural preparations for the Beijing Winter Olympics spreads over at least 10,000 years! It is expected that with the unfolding of the Beijing Winter Olympics, winter sports in China will be widely popularized, and the traditional ice culture passed on forever.

目录

上篇 / 阿勒泰：人类滑雪文化最早发源地

中篇 / 滑雪场开遍全国

下篇 / 传承滑雪精神，发展滑雪文化

Table of Contents

Chapter 3/ Inheriting Ski Spirit and Developing Ski Culture

上篇

阿勒泰：

人类滑雪文化最早发源地

《阿勒泰宣言》与北京冬奥会

在中国乃至世界滑雪史上，近些年有两件具有里程碑意义的事件。

第一件是关于人类滑雪起源的两篇《阿勒泰宣言》的先后发布。2006 年 1 月 16 日，“中国新疆阿勒泰地区是世界滑雪最早起源地”研讨会在阿勒泰市召开，从事滑雪运动 60 余年的中国滑雪协会技术顾问单兆鉴在会上宣读了第一篇《阿勒泰宣言》，《阿勒泰宣言》正式对外宣告“中国新疆阿勒泰地区是人类滑雪最早起源地”。时隔 9 年，第二篇《阿勒泰宣言》于 2015 中国阿勒泰国际古老滑雪文化交流研讨会后由中国单兆鉴先生、美国尼尔・拉尔森先生、挪威卡琳・伯格女士作为代表共同宣布的，表示“对阿勒泰市政府和中国专家的专业成果给予充分的肯定及支持”，这一成果“是对世界滑雪文化的重大贡献”。

第二件是北京申办冬奥会成功。这件事在世界滑雪史上也是具有重大意义的事件。

2015 年 7 月 31 日，在马来西亚吉隆坡举行的国

际奥委会第 128 次全会上，国际奥委会主席巴赫宣布：中国北京获得 2022 年第 24 届冬季奥林匹克运动会举办权。

北京将举办冬奥会，这正式宣告中国踏上了成为冰雪运动强国的道路。

阿勒泰和北京两个原本关联性不强的城市，因为冰雪运动被联系在一起。

阿勒泰理想的滑雪山体和丰沛的雪资源

位于新疆东北部的阿尔泰山（在突厥语和蒙古语里都是“金子”的意思），是一条西北—东南走向的古老山脉，横跨中、蒙、俄、哈四国，中部西南侧是中国新疆阿勒泰地区。“阿勒泰”这一地名就是因境内有阿尔泰山而得名。

早在距今一万年以前，古阿勒泰人就开始了滑雪活动，在阿勒泰地区敦德布拉克发现的距今一万年至三万年的岩画中绘制的“滑雪”人姿态与今天阿勒泰人穿用古老滑雪板的滑雪姿态，有着超出想象的相似之处。

在遥远的旧石器时代晚期，阿勒泰人的祖先在岩壁上用心描绘他们踩着古老滑雪板在雪地里滑行狩猎的场景时，可能没有料到，未来有一天，他们的“杰作”会改写世界滑雪的历史。

在《阿勒泰宣言》发布前，中国专家就推断出：古代居住或活动在阿勒泰地区的以狩猎为生的先民，逐渐认识与掌握了雪的特性与功能，从而发明了“雪踏”“雪板”等器具。穿着这类器具，既能防止双腿陷入雪中，又能让人们自如地在雪地中走动或滑行，以完成迁徙、运输、狩猎等多项任务。

在单兆鉴看来，世界任何一个地域的滑雪起源必须具备五大基本条件：一定是在天气寒冷的地域；一定是在降雪量大且存雪时间较长的地域；一定是在提供制造“滑雪器材”的木材来源（森林多）的地域；一定是在能体现出滑雪速度与特点的多山多岭且水系丰富、动物繁多的地域；一定是在人类文明起源早，而且滑雪能成为当时人们生活生产实际需求的地域。这些是研究滑雪起源的重大理论问题，明确了这些，能保证研究工作的科学进行。

无论从气候条件、地理环境还是人类早期文明状况来看，阿勒泰地区都具有成为滑雪发源地的一切基本条件。

阿勒泰地区是新疆最北部的区域，境内的额尔齐斯河是中国唯一注入北冰洋的河流，而世界闻名的喀纳斯湖自然风景区就属于北冰洋水系。众所周知，喀纳斯湖还被誉为“人类净土”“中国一绝、世界一流”。丰富的原始地形地貌、稀有的动植物资源、绚烂多彩的高山淡水湖，都令阿勒泰成为当代旅游者的神往之地。

阿勒泰冬季冰封期漫长，雪量大，每年的雪季从11月到次年4月长达半年多，有些山区更是从9月就开始降雪。同时，在阿勒泰地区，能制造滑雪板的木材

专家审定《阿勒泰宣言》

来源丰富，可就地取材。因为阿勒泰地区到处有山峰与丘地，每到冬天被厚厚的积雪覆盖，到处是雪山，至今野兽种类繁多，也是决定其成为滑雪圣地的有利条件。

至今，阿勒泰地区的蒙古族、哈萨克族牧民仍旧会用动物毛皮和木板自制滑雪板（当地人称“毛皮滑雪板”），在厚厚的积雪上自由滑行，40 岁以上的男子几乎都会制作这种古老传统的滑雪器具。

2006 年 1 月 16 日，单兆鉴联合新疆博物馆考古专家王博、西北大学教授王建新等多名专家学者，发布《阿勒泰宣言》，向世人宣布：“中国新疆阿勒泰地区是世界滑雪最早起源地。”自此，阿勒泰市把每年 1 月 16 日定为“人类滑雪最早起源地”纪念日。这成为世界滑雪的焦点。

北京申办冬奥会成功之果，早在上万年前的阿勒泰就已经埋下种子。让我们一起揭开阿勒泰古老滑雪的历史，书写北京冬奥会以及冰雪运动的现在和未来。

附：《2006 阿勒泰宣言》

阿勒泰宣言

我们是相关学科的研究人员，经过认真的考察和研究，今天，我们聚集在新疆阿勒泰市向世人郑重宣布：中国新疆阿勒泰地区是世界滑雪最早的起源地。其根据如下：

一、阿勒泰地区具备了滑雪起源的一切自然与人类活动的基本条件。

二、国内外已有学者指出，阿勒泰地区最先开始了人类滑雪活动，并逐渐向斯堪的纳维亚、阿拉斯加等地传播。

三、经过对阿勒泰地区实地考察发现，古人在洞穴中彩绘的人物滑雪图像，证实古阿勒泰人早在距今一万年左右就已开始了滑雪活动。

四、虽经漫长的时代变迁，现阿勒泰居民仍广泛沿袭脚踏自制的“毛皮滑雪板”、手持单只木杆在雪地里滑行的古老传统。

我们将在更广泛的领域中进行深入的考察和研究，使“中国新疆阿勒泰地区是世界滑雪最早的起源地”学说，得到国内外普遍认同并广泛传播。

我们高兴地看到，新疆阿勒泰市政府在保护相关文物和古老滑雪传统方面所做出的努力和取得的成效。中国滑雪协会对此给予了高度关注和大力支持。

我们诚挚地欢迎世界各国有兴趣的同仁及朋友们来中国新疆阿勒泰地区参观、考察。

为了让世人更深入了解世界滑雪最早起源地是在新疆阿勒泰地区，为了促使阿勒泰地区古老而璀璨的滑雪文化能够世代弘扬下去，我们倡议：

一、从 2006 年开始，将每年 1 月 16 日作为世界滑雪最早起源地纪念日。

二、在阿勒泰市修建世界滑雪起源地博物馆。

三、为使“毛皮滑雪板”滑雪的古老传统得以传承，坚持每年 1 月 16 日在阿勒泰市举行古老滑雪比赛。

单兆鉴　王　博　吕恩国　王建新

刘永年　鲁礼鹏　刘国防　郑　颉

2006 年 1 月 16 日

单兆鉴

1938 年生人，1961 年毕业于吉林体育学院。1954 年起，从事滑雪 60 余年，是中国第一位全国滑雪冠军。曾任中国滑雪协会秘书长、国家体委滑雪处处长。著有多部滑雪专著，几十篇滑雪论文，荣获多种国内外奖项。1993 年提出“世界滑雪起源地可能在中国阿勒泰”，是该项目研究的发起人与组织者，最终获得成功。2018 年国际滑雪历史协会授予“世界滑雪历史文化研究终身成就奖”的荣誉。

王　博

1949 年生人，祖籍中国甘肃，大学学历。从事新疆草原考古，与人合作出版著作有《丝绸之路草原石人研究》和《切木尔切克文化》等 6 部。译著有《蒙古鹿石》和《塞伊玛－图尔宾诺现象》等 3 部。发表文章 100 多篇，滑雪类文章有《阿尔泰山敦德布拉克的旧石器时代晚期岩棚画》《阿勒泰是人类滑雪最早起源地探索》《古代滑雪器具演变初探》等。

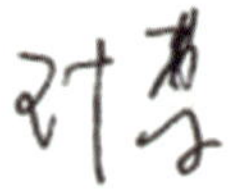

王建新

1953年生人，1982年毕业于西北大学历史系考古学专业。现任西北大学文化遗产学院教授，西北大学丝绸之路研究院首席考古学家，西北大学丝绸之路考古中心主任。近20年来，他主要致力于以新疆和中亚为重点的丝绸之路考古研究工作。

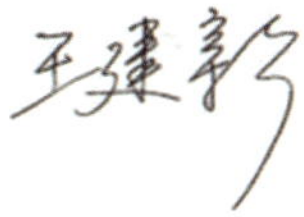

刘国防

1966年生人，西北大学中国民族史专业研究生毕业，现为新疆社会科学院研究员，主要从事新疆民族历史、新疆地方史研究，合著、编著多本著作，在核心期刊公开发表《西域都护府的始置及其年代》《汉代乌孙赤谷城地望蠡测》论文10余篇。

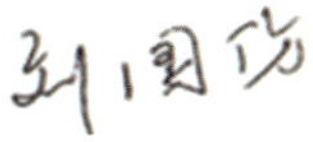

刘永年

中国滑雪协会首任主席、吉林省原体委负责人，热衷于中国冰雪历史的研究。1994年退休后，受国家体委冰雪处单兆鉴委托撰写了《阿勒泰地域是人类滑雪发祥地之一》的文章，这是中国第一篇关于滑雪起源的论文（《2006阿勒泰宣言》签字时因病缺席，由单兆鉴代签名）。

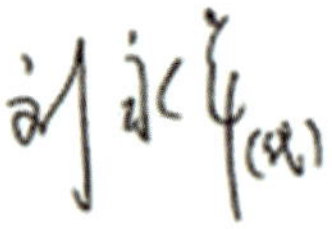

吕恩国

1949年生人，籍贯河南，大学学历，新疆文物考古研究所研究馆员。主要从事新疆史前时期的考古学研究，在青铜时代和早期铁器时代考古学研究方面多有著述和研究成果。主要有《新疆察吾呼》《鄯善洋海》等发掘报告，鄯善苏贝希墓地、洋海墓地，和静哈布其罕墓地、察吾呼墓地，和硕新塔拉、特克斯恰甫其海等墓地和遗址的发掘简报及《论新疆考古学研究中存在的问题》《新疆青铜时代文化浅论》《论头骨穿孔和变形》《从洋海墓地看新疆的萨满教遗存》《伊犁河谷地和费尔干纳盆地彩陶文化之交流》《阿尔泰山的洞穴岩画》《新疆美术大系——新疆岩画》等。

鲁礼鹏

1972 年生人。1996 年毕业于西北大学历史系考古学专业，同年 7 月进入新疆维吾尔自治区博物馆工作至今，现任新疆博物馆考古部主任、副研究员，主要从事新疆青铜时代至早期铁器时代、汉唐考古文化研究。自 1996 年以来分别参加或主持了且末扎滚鲁克古墓群、吐鲁番阿斯塔那古墓群、温宿县博孜墩墓地，以及阜康市四工河墓地、黄山河墓地的发掘工作。先后发表有《扎滚鲁克一号墓地发掘报告》《新疆吐鲁番阿斯塔那古墓群西区考古发掘报告》《新疆温宿博孜墩古墓 2008 年发掘简报》《吐鲁番阿斯塔那墓地出土镇墓神物研究》《新疆出土双联器初探》等简报、论文 30 余篇。

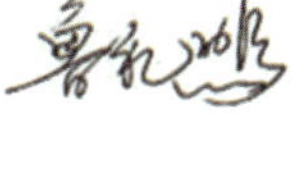

郑　颉

1969 年出生于新疆阿勒泰，1992—1994 年就读于上海复旦大学文博学院文物与博物馆学专业，1989 年就职于阿勒泰文物局，长期以来一直从事文物保护、研究和管理工作。现任阿勒泰地区文物局局长。

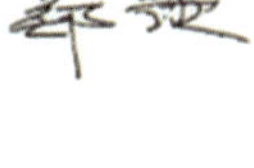

万年古岩画里的“证据”

《阿勒泰宣言》对“中国新疆阿勒泰地区是人类滑雪最早起源地”庄严而自信的宣布，绝非空穴来风，它的源头可被追溯、论证，能经受住历史与学术苛刻的考量与考验。

遥远的旧石器时代，在深山密林中，在旷野中，在呼啸而过的山风中，在皑皑白雪中，阿勒泰人的祖先滑雪狩猎的场景，被零星的语言、无声的图画真实地记录，成为世界滑雪历史上耀眼且值得铭记的坐标。

阿勒泰，是人类滑雪的摇篮，很多长于滑雪研究的学者多方深度挖掘材料，试图从多个角度、维度，图文并茂地验证并加以坐实。

中国古代地理书《山海经·海内经》记载：“有丁令国，其民自膝下有毛，马蹄善走。”丁令国，指的是当时贝加尔湖以南直到阿尔泰山一带从事游牧的我国北方少数民族。希腊史学家希罗多德在其所著《世界史》第四卷中以“住在阿勒泰地区的人们拥有山羊角，冬季在雪中奔跑”，形容当地人借助传统滑雪器具在雪地疾走的场面。而日本札幌市冬季运动博物馆珍藏的一张人类滑雪运动史图，其发源地也直指阿勒泰。苏联 1989 年出版的滑雪教科书第一章就追根溯源，有“人类滑雪从何时开始，尚无定论，但普遍认为起源于贝加尔湖以南广大阿勒泰地区”的阐述等等。以上这些文字和图片记载，反映出滑雪起源之后不同阶段的状况。

除了历史文字记载中的部分共识，真正为阿勒泰滑雪源头盖棺论定的则是后来最有力的民间世代口传歌谣和无声的岩画证据，以及融合其他元素的综合判定。

敦德布拉克岩棚画，考古专家王博先生是这样描述的：位于阿勒泰市汗德尕特乡东北约 4 千米的敦德布拉克河上游沟谷，共有 4 处岩棚傍河谷而立，其中 1、2 号岩棚在河谷东侧，3、4 号岩棚在河谷西侧，岩棚不大，长期被风吹雨打，壁面及顶面凹凸不平。敦德布拉克岩棚画被专家考证属于旧石器时代晚期作品，距今已有一万年至三万年的历史。岩画线条粗犷，学者推测是以颜料赤铁矿（赭石）绘就。岩画栩栩如生，再现了古阿勒泰人的狩猎场景，其雕刻风格、岩画内容与欧亚大陆西部的旧石器时代晚期的洞穴岩画相似。而且，尚无房屋建筑技术的旧石器时代晚期，天气严寒，欧亚大陆普遍穴居，也为将原始的文化意识与觉醒刻在居住的岩棚内，提供了证据。

为阿勒泰提供滑雪起源佐证的是 1 号岩棚的岩画，据称在 20 世纪中叶被三位少年偶然发现。岩棚口宽 3.5 米、高 0.8 米、深 1.7 米，棚壁及顶部都绘有以狩猎为主题的岩画，东壁的动物和第三组人物画都是深赭红色，处于正壁第一组的持弓狩猎者用色呈赭红色，主要

敦德布拉克岩棚画

绘画对象是人和动物及一些特殊符号，岩画中的人物多是拉弓狩猎、滑行等形象，而动物则为野牛、野马，野牛体形硕大、头顶双角、长尾、短腿。野马鬃毛竖起，有跑有走。符号则为人面纹、短线、三线纹等。

2005 年，中国滑雪协会技术顾问单兆鉴看到 1 号岩棚的岩画，以他常年专注滑雪运动的专业素养及对滑雪文化研究的丰富经验，敏锐地发现第三组、第四组岩画描绘了滑雪场景，“在一个古彩岩窟（即敦德布拉克岩棚）的顶面上绘有许多动物形象与‘滑雪’人的形象线条图形，几个脚踏雪板、手持单杆滑雪人的图像栩栩如生”。

第三组岩画位于岩棚东壁，岩画中有 10 个人，其中 6 人一字排开，一律上体较宽大，腿细，为躬身屈腿态。人头有圆的，也有非圆的，学者们推测应该是狩猎者的集体行动，头非圆者是伪装扮演动物，如羊、鹿等，以迷惑动物。

第四组岩画位于岩棚正壁下端，画面不甚清晰，识别度较高的有 4 个人，位于岩画左侧的一个人右手持长棍，作投掷状，中间的两人似乎踩在一长板上，靠前的一个人伪装成动物，右侧还有一人蹬在一个立起来的长板上，左手握一长棍。

这些在普通人看来或许只是寻常之物的人物线条、长棍、长板，让滑雪专家单兆鉴联想到手里拿着一根棍子即是“手持单杆”，躬身屈腿是做滑雪动作，而脚下踩着的延长物件则是最初最简陋的滑行器具。

单兆鉴与考古岩画专家王博、王建新等着重对第三组岩画进行研究、鉴定、辨别之后，将岩画图片带回北京，经多名滑雪专家鉴别，取得共识，认为：“绘画中的人物基本呈站立姿势，脚下有延长物，上体前倾，膝部前屈，而且动感明显，符合滑雪人的姿态要求。而且周围动物图像密布，完全符合滑雪岩画的鉴定条件。岩画中几个脚踏雪板，有的还手持单杆的滑雪人动作形态栩栩如生。岩画中滑雪人的姿态与阿勒泰地区至今农牧民穿用古老滑雪器具的滑雪姿态，有着惊人的相似之处。该组人物可能是多人（10人）呈纵排式滑行，也可能是一个人流畅地从眼前滑向远方。”

在新疆的阿勒泰，时间的流逝并未带来沧海桑田的变化，现在的阿勒泰甚至还保留了一万多年前的地貌与部分生活习性：这里冬季漫长，山多雪厚，起伏有度，视野开阔，是造物主缔造的“以天为幕、以地为席”的天然滑雪天地；优质木材郁郁葱葱，是可就地取材的滑雪板工厂；野生物种丰富，是阿勒泰人的宜居乐园……

阿勒泰人祖先因地制宜，以滑雪穿行于辽阔的茫茫雪原，生生不息地繁衍、狩猎劳作、创造文化。幸运的是，被时间的洪流不断冲刷的那些滑雪狩猎岩画，依然坚守着它们还原真相的本分，记录下不同历史阶段的遥远历史，成为一道沟通过去与未来的桥梁，等待着有一天真相浮出水面，向世界广而告之。

这一天终于到来了。

勇敢的阿勒泰滑雪人

阿勒泰人的祖先，“拥有山羊角，冬季在雪中奔跑”。

由于大雪封山、交通不便，又地处边远，时间的流逝、外面世界的风云变幻对阿勒泰人的影响是滞缓的，古老文化变化的节奏更慢，某些古老的文化烙印依然可见。至今活跃在阿勒泰地区的乌梁海、图瓦的蒙古部族后裔，以及哈萨克族人，还完整地保存和继承着他们共同的祖先制作古老滑雪板及进行滑雪活动的传统。乌梁海部落就是一个范例，具有代表性。

乌梁海（Uriyanghai）汉译为“灵巧的人”“饲养驯鹿的人”，其数千年的发展史，同样是一部阿勒泰滑雪史，乌梁海人则是阿勒泰各族滑雪人的缩影。

自古至今，乌梁海人偏爱狩猎。游走于山林，捕捉猎物，满载而归，成为乌梁海人憧憬的美好生活画面，《新疆之蒙古族》将当地经济生活概括为：“十之六游牧，十之四狩猎。”狩猎受欢迎的程度可见一斑。乌梁海部善骑射，又精通捕猎技艺，熟悉野兽习性与生活规律，的确是狩猎的行家里手。乌梁海部落外出狩猎多分为集体出动和个体行动，集体出动往往以氏族为单位，多则二三十人，少则五人；个体行动则是“一杆枪，一条犬”，秋时“一匹马”，冬时“一块板”。而这“一块板”就是毛皮滑雪板。

面对恶劣的自然环境，尤其要解决如何度过大雪覆盖的漫长冬季的问题，阿勒泰人摸索出一套与自然博弈的生存之道，汇集数代人的智慧结晶，以独特的技艺制作了结实好用的毛皮滑雪板，这是他们在阿勒泰地区生存的好帮手。

13 世纪波斯史学家拉施特在《史集》中将乌梁海部落的狩猎生活描写得栩栩如生：“因为在他们（乌梁海）国内，山和森林很多，而且雪下得很大，所以冬天他们在雪面上打到许多野兽。他们制造一种叫作察纳的特别的板子，站立在那板子上；用皮带做成缰绳，将它拴在板的前端，然后拿着木杆，以木杆撑地，滑行于雪面上，有如水上行舟。他们就这样用察纳滑雪板驰逐于原野上下，追杀野牛等动物。除自己踏着的察纳外，他们还拖着连接起来的另一些滑雪板，将打杀的野兽放在上面。即使放上两三千曼重荷，花不了多大力气就可以轻快地行走在雪层上。如果是一个不熟练的人，那么，他的两腿就会劈叉而撕裂，尤其是在下降和疾驰时。受过训练的人则奔驰得极其轻快。没有见过的人，谁也不相信这点。”

13 世纪的意大利旅行家鲁布鲁克同样被乌梁海人在雪上的出色行走所震撼，“北面同样没有城镇，只有一支放牧的民族……有乌梁海部，他们足底缚着磨光的骨头，在冻结的冰雪上行走，速度之快可及飞禽走兽。”

在古代的阿勒泰地区，不会使用滑雪板的猎人，不是一个好猎手，他甚至没有参与集体狩猎这一盛大活动的资格。毛皮滑雪板能给滑雪者带来强大的助力，给了他们翻山越岭甚至“飞檐走壁”的本领，他们甚至能轻松跃过两三米高的山崖石壁。滑雪板也为阿勒泰人带来了丰富的给养，在他们宽大的滑雪板上，放置着以弓箭猎取的野猪、貂、狐狸、松鼠、鹿、野兔等动物。

阿勒泰人刻意训练孩子野外生存、狩猎以及滑雪的本领。茂密丛生的树林、深不见底的山谷、险峻的高山、突如其来的雪崩、倏忽闪现的野兽……都是对生存的残酷考验。阿勒泰人的孩子们踏着古老的滑雪板与恶劣的环境周旋并和谐相处，同时增长了智慧，磨砺了意志，增强了果敢和勇气。这些无形的民族精神也伴随着代代言传身教传承下来。

今天，狩猎已不再是阿勒泰人的经济与生活来源。但禁猎后的阿勒泰，滑雪板并没有被束之高阁，古老的滑雪也没有销声匿迹。在山林间、在滑雪场，我们依然能看到阿勒泰人矫健的滑雪身影，连四五岁的孩子也已经在小毛皮滑雪板上跃跃欲试。人们撂下了以生存为目的围猎动物的担子，一身轻松，只是为了享受在雪中酣畅滑行的快意淋漓，只是为了感受运动和竞技的魅力。阿勒泰人与大自然默契相传的基因还在，冰雪激情还在燃烧，从未消退。

一副毛皮滑雪板的诞生

古老的毛皮滑雪板，虽然不是滑雪起源阶段的滑雪器具，但是已经在阿勒泰滑行了无数个世纪。

在万年前，人类处于旧石器时代，在冰雪覆盖的崇山峻岭、茂密的丛林中，有狐狸、松鼠、鹿、野兔等动物穿梭，阿勒泰人获得灵感，制作了最简陋的滑雪器具。

据《文献通考》记载：“田多雪，恒以木为马，雪上逐鹿，其状似盾而头高，其下以马皮顺毛衣之，令毛着雪而滑，如着履屐，奔下坂走过奔鹿，若平地履雪，即以木刺而走，如船焉，上坂即手持而登。”

当代毛皮滑雪板外形偏大、风格拙朴，但无论是在外形、功能还是制作工艺上，与古人的制法并无太大差别，是逐渐演化而来的，因而毛皮滑雪板也成为见证阿勒泰人类滑雪文化起源地的“活化石”。

毛皮滑雪板与我们现在看到的轻巧便捷的滑雪板差别较大，这恰恰是阿勒泰人“适者生存”的智慧彰显。阿勒泰地处偏寒地带，春、夏、秋三季短暂，冬季

阿勒泰古老的滑雪狩猎器具

阿勒泰毛皮滑雪队

漫长严寒，从 11 月到来年的 4 月，阿勒泰地区的气温都在零下 45 摄氏度到零下 15 摄氏度之间，滴水成冰，雪落不化，久而久之便成积雪。积雪厚薄不一，浅处厚半米，深处则有数米之厚。冬季，在丛林密布、陡峭多石的山林中行走，稍有不慎，就有可能深陷松软的积雪中，连单匹马的爬犁也无用武之地，马蹄很容易陷入积雪无法拔出。

单杆滑雪杖

在当地人看来，现代人用的滑雪板“又短，又软，又平”，在阿勒泰的山野中，很难达到滑雪时“御风而行”的效果，而且还存在安全隐患。在大雪没膝的冬季，没有古老的毛皮滑雪板便会寸步难行。踩着这种滑雪板，原本需一天走完的路程只需两个小时。

单兆鉴先生通过在阿勒泰地区长期的研究和考察发现，毛皮滑雪板长度一般超过使用者身高，为 180 ~ 210 厘米，有的更长些；雪板通常整体宽度为 12 ~ 13 厘米，也有的雪板后略宽前略窄一些，后部宽 11 ~ 14 厘米，前尖部宽 6 ~ 9 厘米；两侧边没有弧度，呈直线形；雪板厚度中部 2 ~ 3 厘米，前后部较中部略薄些；雪板横切面顶部高两厘米，两边高约 1 厘米，前后部分的横切面上部大致呈弧状；雪板前段向上翘起 10 ~ 15 厘米，翘起部分的长度为 25 ~ 35 厘米……滑雪板的底面基本没有弧度，甚至前、后部反而微向上翘起，故雪板几乎没有弹性。偏长偏阔的滑雪板更适合较软的自然积雪，覆有兽皮的坚硬挺直的特性也能够与雪保持一定的压强，更容易滑行。

毛皮滑雪板的滑行面全部被动物皮毛覆盖，阿勒泰人多用马腿部的毛皮，不但坚硬而且密实，也曾有人用水獭、麋鹿的毛皮，多在重要场合如婚礼仪式中使用。马毛的方向朝后，向前滑走时马毛顺茬，增大滑速；向后踩蹬与上坡时马毛逆茬，防止雪板向后倒滑。在我们看起来独具一格的单杆滑雪杖，反被阿勒泰滑雪者看作第三条腿。在向下滑行时，雪杖一端撑插于体后，两臂压住，与人的两条腿构成稳固的“三脚架”。这是阿勒泰人对力学稳定性准确的直觉诠释，阿勒泰滑雪者凭借它自主掌握平衡和方向。而且，以顺直的落叶松等小树制成的滑雪杖，还能作为刺捕猎物、防御猛兽攻击的武器。

古老的滑雪杖为一根长实木细杆，长短、粗细不一，长度明显超过使用者的身高和滑雪板，在210 ~ 240 厘米之间，甚至更长些，直径 3 ~ 4 厘米。

与现代轻巧便捷的滑雪板相比，相对“笨重”的毛皮滑雪板，行动不够灵活，摩擦力也更强，滑行的速度不够快、力度不够强。但是，与现代滑雪板适应人们娱乐性、运动性的需求不同，毛皮滑雪板更侧重实用性、生活性，人们踩着它寻找和驯养动物、汲水、收集搬运柴火等取暖物品、走亲访友、抢险救灾等。毛皮滑雪板融入了人们为生计奔波的悲喜苦乐，也融入了柴米油盐的烟火平常，琐碎、日常却踏实。

与在流水线上鱼贯而出的现代滑雪板相比，阿勒泰匠人在小小的手工作坊中一手、一斧打造的毛皮滑雪板，散发着独特的工匠气质：先挑选直径 20 ~ 30 厘米，韧性适中的红松、白松、云杉，用斧子劈成两块厚木板，再用相应的工具把两块毛坯板逐步加工成符合“标准”的模样，之后进行雪板前尖部上翘的工艺：首先将木板前部置于火中或放入滚水中加热，使其变软，再用特制工具把板子前尖部向上弯曲，经反复加热固定，直到完全定型。有些精益求精的匠人，还会使用专门的短刨进行打磨，使雪板更合心意，同时滑雪板表面也更光滑。

下一道工序是将雪板放置风干 7 天以上，添加固定器。在滑雪板中央打 4 个贯通板子的垂直孔，将润滑油润滑过的生牛皮条穿过垂直孔，形成X形的固定器，方便脚尖插入，同时脚跟也能被牢牢绑住。滑雪鞋一般为棉鞋，没有明显特制成分，但长筒靴子、平底鞋、靴前尖向上翘起的更好些。

最后一道工序是将马腿皮浸入热水浸泡，拉伸之后保证能把滑雪板底部全部覆盖，用钉子固定，风干后，自然收缩的马腿皮如同长了吸盘般紧紧贴在板上，古时这道工序是用兽皮条缝合，或用兽皮胶贴覆，或用木制钉固定。

被传唱的《打猎人之歌》

《打猎人之歌》，又称《滑雪狩猎民谣》。阿勒泰市艺术团党支部书记尼咏梅任阿勒泰市汗德尕特乡人民政府副乡长时，曾做入户调查，看到一个蒙古族牧民拿出马奶酒，唱起蒙古长调，这就是《打猎人之歌》。

在那高高的阿尔泰杭盖（蒙古语，意即“高高的山”）山中，
身上背着柳木制作的弓箭，
双手斜推着滑雪棒的，
脚踩红松、白松木制作的滑雪板，
很快地滑着穿梭在松树林中的，
身后拖着山羊皮囊的，
是那勇敢而又灵活、聪明的猎人。
看那个猎人啊！
就像阿尔泰杭盖山中的羚羊一样穿梭得很快，
来回在松林中穿梭着，
怎么样也抓不到他，

善射的射箭手是那猎人啊，
射到了一个又一个的猎物，
猎物是那汗德尕（即麋鹿）和狍子。
斜推的滑雪棒啊！
把身边的雪推成了一个个小雪球，
那个小雪球，滚呀滚呀，
变成了大大的圆球，
它在和猎人赛跑，
追随着猎人奔跑。
踩着毛皮滑雪板的猎人呀，
他把它早就远远地抛在了身后面。[①]

《古阿勒泰人滑雪狩猎图》

①《人类滑雪起源地——中国·新疆·阿勒泰》，单兆鉴、王博主编，人民体育出版社、新疆人民出版社，2011

世代传唱《打猎人之歌》，《狩猎滑雪之歌》也是其称谓之一

《打猎人之歌》有多种称谓，有多种演唱方式。

《打猎人之歌》以真挚深厚的感情赞美、祝福踏着滑雪板打猎的猎人，源远流长，在数千年的历史长河中，一代一代，在阿勒泰民间流行和传唱，它曲风淳朴雄厚，寓意深远。

千万年来每到冬季，山林被茫茫大雪覆盖，食物来源也更加单一。善于从山野寻找大自然馈赠的乌梁海人，往往去阿尔泰山中狩猎，他们踏着滑雪板在林中穿

梭、捕获猎物长达两三个月，随着春节的脚步越来越近，他们滑雪而归，滑雪板上堆满鹿、野猪、貂、野兔……累累硕果表达着他们希望在春节时为家人端上舌尖上的美味，也蕴藏着他们与家人低调深沉的相亲相爱之意。

山中狩猎，尤其大雪封山之际，雪崩、严寒、凶猛的野兽、食不果腹等危险层出不穷，每一次远行都是一次冒险之旅。留在家中的亲人，总是远眺着猎人出行的方向，担忧远行的家人的安危，日夜为他们祈祷。他们会聚集在一起，围着敖包高唱，洒下洁白的鲜奶，并把古老的滑雪板放在祭台上，祈祷山中的亲人能够满载而归，也期待他们平安回家。

有关滑雪狩猎的口传歌谣，在阿勒泰民间以不同的方式世代相传，民间艺人演唱时还会配以“托布秀尔”“叶克勒”“楚吾尔”“马头琴”等乐器伴奏并采用“呼麦”等艺术形式，曲调悠远，悠久、沧桑的历史感扑面而来，听者脑中便浮现勇敢、智慧的阿勒泰人脚踩毛皮滑雪板在山中驰骋打猎的壮观场景。

除了广为传唱的《打猎人之歌》，关于阿勒泰和滑雪运动文化，还有一首歌曲特别重要，那就是由单兆鉴和贾有宝作词，木拉提·达列力汗作曲的歌曲《人类滑雪起源地——新疆阿勒泰》。歌词如下：

雪花劲飞，阿尔泰山真雄伟，
盘古开天，唯这片河山最美，
漫长岁月，积淀出世界之最，
滑雪追忆，发源地就在这里！

滑雪狩猎，先民们披荆斩棘，
风风雨雨，锤炼了草原兄弟，
金山银水，印刻着多彩痕迹，
滑雪故乡，人类文明的大地！

千载民谣传豪迈，
万年岩画绘传奇，
古老毛皮滑雪板承载你，
举起“宣言”跨世纪。
阿尔泰山……阿尔泰地……
人类滑雪圣地我们托起！[①]

《人类滑雪起源地——新疆阿勒泰》与《打猎人之歌》异曲同工，阿尔泰山的雄伟豪迈和滑雪发源地的源远流长呼之欲出。

---

①《人类滑雪起源地——中国·新疆·阿勒泰》，单兆鉴、王博主编，人民体育出版社、新疆人民出版社，2011

这里的动人故事特别多

在阿勒泰，动人的故事特别多。有老故事，也有新故事。有口口相传的，彰显粗犷、豪迈的狩猎、游牧文化的古老传说，也有把时间的镜头定格到近现代的感人故事。

野旷天低，崇山峻岭，这些故事和传说有的表现了过去的阿勒泰人对未知事物的恐惧，有的体现了对英雄的崇拜，同时又打上了阿勒泰人日常生活的烙印。而毛皮滑雪板，作为人们在高山雪野中穿梭的交通工具，由动物皮毛制成，沾有雪原动物的鲜血，有着神秘的力量，能打破魔咒，祛除魑魅魍魉，被当地人奉为保护神、并肩作战的伙伴。

古老的故事彰显出阿勒泰人的勇敢、智慧与担当。阿勒泰地区不但有英雄赞歌，还有英雄悲歌。

准噶尔叛乱时期，乌梁海人与准噶尔人连年打仗，孰胜孰负，有着很强的季节性。冬季是乌梁海人的主场，乌梁海人长于踩着滑雪板在雪上滑行、打猎，而准噶尔人面对厚厚的积雪几乎寸步难行，因此在速度、力量上占上风的乌梁海人常打胜仗。到了夏季，则是准噶尔人的主场，经过一个冬天的休养生息，兵强马壮，善

乌梁海勇士守卫部落安宁

阿勒泰滑雪人的“家庭展厅”

于在马背上打天下的准噶尔人胜算更大，乌梁海人则常吃败仗。无数乌梁海勇士为守卫部落安宁，在兵戈铁马中魂断战场，让乌梁海人肃然起敬，他们以世代口口相传的民谣祭奠战死的勇士。

阿勒泰人的祖先，还不断探索人的天性与底线，以传说的故事告诫后人：某些根深蒂固的天性，如同一路奔流的江水，一旦遇到缺口就如同受到蛊惑，会一发不可收拾，甚至陷入万劫不复。

以往由于阿勒泰的猎人在深山老林滥杀滥猎，有不少物种濒临灭绝，大自然遭遇危机。为阻止猎人的无度猎杀，愤怒的山神便化作九色仙鹿诱惑猎人。仙鹿头上散发的九色光芒再次激发了猎人们的贪婪之心，他们不择手段将仙鹿捕捉，并残忍地把仙鹿的鹿角割下。

即便如此，山神还是打算给猎人们一个赎罪的机会。一位良心未泯、内心惴惴不安的老猎人在夜里得到神谕，得知九色仙鹿为山神设局的诱饵，他将真相迅速告诉同行猎人，并带族人离开。然而，仍然有几个猎人执迷不悟，夜晚他们擅自脱队再次捕杀九色仙鹿，并把仙鹿的角卖掉换来锦衣玉食。

然而，好景不长，这几个猎人遭遇危险逃入深山，被山中动物突袭。濒临死亡之际，他们看到九色仙鹿在林中穿梭飞跃，恍然大悟：这是捕杀九色仙鹿的恶果报应，他们被山神诅咒了。终于良心发现，祈求山神不要迁怒于他们的族人，他们愿化身动物，供猎人们猎捕，直到诅咒解除。山神答应了猎人们的赎罪请求。猎人们转眼成为在山间奔走跳跃的动物，阿勒泰人又能重归山林打猎，他们以高超的弓箭之术获得美味，以动物的皮

毛制成滑雪板，其滑行体态之轻盈、流畅恰如曾在山中有过神迹的九色仙鹿。同时，阿勒泰人也学会适度接受大自然的馈赠，与自然和谐相处，营造相互依存、可持续发展的共同体。

阿勒泰的古老传说体现的是当时人们敬畏自然、保护家园的朴素情怀。如今人们已不再以狩猎为生，滑雪则成为这里的人们喜闻乐见的冬季运动，承载着阿勒泰人勇敢、拼搏的精神和生命的活力。就像骑马对于草原民族、行船对于海边渔民，滑雪对于阿勒泰人就是实现民族生存和发展的关键性、标志性的活动和技能。

在去将军山滑雪场的路上有一处滑雪展厅，保留了阿勒泰宝贵的滑雪历史。展厅内整齐地陈列着古老毛皮滑雪板、各式早期滑雪板、单板、跳台板等多种雪板，还有老滑雪运动员们在国内外获得的各项荣誉，以及与阿勒泰滑雪相关的照片，让人目不暇接。

这处滑雪展厅的负责人孙继勤，是 20 世纪 80 年代当地的一名优秀滑雪运动员，他是阿勒泰滑雪队孙家三兄弟中的老二。近几年来，随着阿勒泰人类滑雪摇篮地位的确立和现代滑雪运动的兴起，他和哥哥孙继林、弟弟孙继臣以及曾经一起训练的老滑雪队友们兴奋不已。虽然已经退休，年事已高，但他们对滑雪的热爱却丝毫没有消退，他们总想再为阿勒泰的滑雪事业做点事情，遂创办了这处滑雪展厅。类似这样的展厅，在阿勒泰还有多处。

几位“老滑雪人”不辞辛苦地发挥余热，向人们展示着阿勒泰的滑雪历史，让更多人了解阿勒泰的滑雪历史，爱上滑雪运动。从此角度而言，他们也是中国冰雪运动的“形象大使”。

中篇

滑雪场

开遍全国

北京冬奥会引爆“滑雪热”

任何事件的爆发通常都需要长时间的酝酿奠定基础，也需要相关事件作为“点燃器”，滑雪亦是。

虽然阿勒泰被证明为滑雪运动起源地，但是直到近年来，滑雪运动和中国的关联性并不明显。每每提及滑雪，人们脑海中可能会浮现北欧斯堪的纳维亚半岛、奥地利、法国，可能还有加拿大、美国和俄罗斯等国家和地区的滑雪运动。

2014 年索契冬奥会，挪威共获得 26 枚奖牌，包括 11 枚金牌、5 枚银牌和 10 枚铜牌，仅次于拥有“主场优势”的俄罗斯。其中，越野滑雪选手马里特·比约尔根获得女子越野滑雪等 3 枚金牌；冰雪健将扬斯鲁德在 2013 年因膝盖韧带撕裂做手术后，仍旧获得高山滑雪男子速降冠军。

欧洲滑雪强国背后是成熟的滑雪产业在支撑，最明显的表现是滑雪场数量之多和规模的庞大。据 2016 年全球滑雪产业报告显示，全球共有约 6000 家滑雪场，其中绝大部分位于欧洲。尤其是全球顶级滑雪场，主要聚集于阿尔卑斯山区。其余的滑雪场，主要分布在北美以及东亚等地区。报告显示，美国大约有 500 家滑雪场，加拿大有 700 多家。

不能否认的是，直到今天，距离“滑雪大国”，中国在滑雪运动上还有很长一段路要走。1996 年亚运会，让中国滑雪产业迅速兴起。随着 2000 年造雪技术的引入，中国滑雪运动快速发展。2000 年以前，国内只有 9 个滑雪场，专业滑雪人数不超过 1000 人。2000 年以后，中国的滑雪人数和滑雪人次保持 20% 以上的年平均增长幅度，进入初步发展期，虽奋起直追，却仍旧落后。

西南证券冰雪产业研报指出，2015 年中国滑雪市场产值约 120 亿元，滑雪总人次为 1250 万，但滑雪人口仅占总人口的 0.9%。以中国 13 亿人口算，参与滑雪的人数也就几百万。以参与人次为参考坐标，中国滑雪运动发展阶段仅相当于美国 20 世纪 70 年代初。

然而，这一切在 2015 年发生了变化。对中国滑雪运动来说，2015 年是一个特殊的年份。2015 年 7 月 31 日，在马来西亚吉隆坡举行的国际奥委会第 128 次全会上，北京从申办城市中脱颖而出，赢得 2022 年冬季奥运会主办权。

随着北京获得 2022 年冬季奥运会的主办权，中国滑雪运动的热情被引爆。在北京冬奥会的利好刺激下，中国滑雪场数量、滑雪人口以及人们的滑雪热情激增。

北京冬奥会是实现“全民健身”国家战略的良好契机，将大力推进我国冰雪运动的发展。

表现之一，就是滑雪场数量的急速增加。数据显示，中国滑雪场数量由 2015 年的 568 家已经增加到 2016 年的 646 家。一年之间，滑雪场增量接近 80 家。据估算，到 2022 年，这一数量将达到 1000 家。①

表现之二，是滑雪人口的快速增长。关于滑雪人口，在北京申办 2022 年冬奥会时，对国际奥委会做出的庄严承诺是“带动 3 亿人上冰雪”。加之发展大众冰雪运动已经正式写入《全民健身计划》第二个五年规划之中，“3 亿”不是一个不能实现的数字。

《中国滑雪产业发展报告》（以下简称蓝皮书）数据显示，2015 年中国滑雪总人次为 1250 万，与 2014 年的 1030 万人次相比，增长 21.36%。中国滑雪运动爱好者人数之多，发展速度之快，超出了预期，同时充满了商机。

2016 年 2 月 11 日中午，在北京市南山滑雪场，虽然已经是午饭时间，雪场中依然人潮涌动：既有矫健身影激起层层雪花，也有步履蹒跚的初学者。一些初学者虽然小心翼翼，却掩盖不了心中的兴奋之情。即使稍不留神滑倒在雪地上，也马上爬起来掸掸衣服，对同伴回一个开心的笑容。

再看室内，在雪具出租柜台处，也排着长长的队伍。一些已经拿到雪具的人，在寻找换装空地，还有一些人来不及换装就迫不及待去教练预约柜台，想赶紧找到一位“师傅”。即便安排得如此紧凑，他们也会发现，想预约到一位教练，最起码也得排在十几个人后。

---

①《〈2016 中国滑雪产业白皮书〉发布》，中国经济网，2017-02-21

而那些排在前面的“幸运者”，也不能完全具备从容不迫的自信。虽然有些人还是会询问教练的价格，但是与价格相比，他们更关心的还是“什么时候排到自己”。

滑雪者熙熙攘攘，滑雪教练也是忙得不可开交。为了帮助更多滑雪者，教练们除了在单板、高山滑雪交替时才有坐下来换雪鞋的工夫，根本没有时间休息，甚至不能吃饭。他们往往是刚回来没多久，就带着新的滑雪者登上雪场。

窥一斑而知全豹。北京市南山滑雪场的热闹景象只是北京冬奥会带来的“蝴蝶效应”的一种体现。在北京之外的其他地区，“滑雪热”也迅速蔓延。2016 年春节，崇礼共接待游客 53.2 万人次，同比增加 25.8%，其中 50% 的游客为滑雪而来。[①]在冰雪旅游大省黑龙江的森工雪乡景区，2016 年春节期间的 6 天内，累计接待游客 10.5 万人次，同比增长 91%；而亚布力度假区累计接待游客 8.4 万人次，同比增长 67.8%。[②]

世界范围的体育史也一再证明，奥运赛事对体育运动的普及具有推动作用。在冬奥会和滑雪方面，日本已经成为可参考的先例。20 世纪 50 年代，日本开始大力发展滑雪场。1972 年札幌冬奥会的举办更是为日本滑雪场的建设和国民滑雪参与热情添了几把“柴火”。20 世纪 70 年代末，日本的滑雪场建设达到顶峰，鼎盛时期，滑雪场数量有 1000 多家，年滑雪人次 3000 多万。

---

①《张家口崇礼“滑雪圈”扩大　春节期间接待 53 万游客》，河北青年报（北京），2016-02-17

②《春节旅游消费市场规模持续扩大》，中国证券报，2016-02-16

滑雪场内的热闹景象

一只蝴蝶在巴西的亚马孙河边扇动翅膀，有可能会在美国的得克萨斯引起一场龙卷风，这被称为“蝴蝶效应”。随着人们对滑雪运动的重视，北京冬奥会可能会引发中国滑雪的“蝴蝶效应”，推动中国滑雪事业快速发展。

亚布力：曾经的滑雪“火车头”

谈及中国的滑雪文化和滑雪场，亚布力滑雪场是绕不过去的一个地方。就目前国内的滑雪区域而言，主要分为四大区域，即亚布力区域、吉林区域、崇礼—北京区域和新疆区域。其中，亚布力区域是中国现代大众滑雪的起始地。

更具体地说，在很长一段时间里，“亚布力”就是中国滑雪的代名词。

亚布力是俄语“亚布洛尼”的音译名，即“苹果园”的意思，位于黑龙江省尚志市亚布力镇东南 25 千米处。这里年平均气温 2 ~ 10 摄氏度，最低气温至零下 34 摄氏度，雪期有 120 天左右（从 11 月至次年 4 月）。冬季，山上的积雪厚度有时可达 100 厘米，雪质优良，硬度适中，适宜滑雪运动的开展。

亚布力滑雪场始建于 1980 年。在中国滑雪产业的萌芽期，亚布力滑雪场凭借自然和政策方面的优势，成为了 20 世纪末到 21 世纪初中国滑雪运动市场上独一无二的存在。

现在的亚布力滑雪场是当之无愧的国内最大的综合性滑雪场之一，不但可以接待旅游度假的游客，还具有承办国际赛事的资格。

亚布力滑雪场拥有国际标准的场地和附属设施，其中高山滑雪场地、K90 跳台滑雪场地、K125 跳台滑雪场地、单板（U 形池）场地、越野滑雪场地和冬季两项滑雪场地得到国际滑雪联合会（FIS）和冬季两项联盟（IBU）的认证和认可。毫不夸张地说，亚布力滑雪场基本具备了举办冬奥会雪上赛事的场地条件。

从其承办的赛事来看，亚布力滑雪场的“履历”可谓光辉。自建场以来，亚布力滑雪场先后承办了第 5 届、第 7 届、第 10 届、第 11 届全国冬季运动会，第 4 届亚洲少年高山滑雪锦标赛，第 3 届亚洲冬季运动会，以及第 24 届世界大学生冬季运动会等大型的国内和国际滑雪比赛及数十次省内的滑雪比赛。

1996 年第 3 届亚洲冬季运动会的举办，使亚布力声名鹊起，并逐步发展成为当时中国规模最大、设施先进、条件优越的雪上运动胜地。

而 2009 年第 24 届世界大学生冬季运动会的举办，让亚布力再度聚焦世界的目光。直到现在，亚布力已是国内最先受国际雪联认可，具有承办国际 A 级比赛资格的滑雪“桥头堡”。2015 年，亚布力滑雪场成功举办了国际雪联单板世青赛，2016 年圆满举办了世界单板滑雪锦标赛。

在长期作为国家队雪上运动训练基地的同时，亚布力也吸引着来自全国各地的滑雪爱好者，它既是运动员走向大赛的试金石，也是中国第一批滑雪爱好者

的成长之地。

除能够承接国际赛事，亚布力滑雪场还是集接待滑雪旅游和滑雪运动员训练比赛于一体的综合性滑雪场。它是国家首批 4A 级景区内的 5S 级旅游滑雪场，整个滑雪场处于群山环抱之中，林密雪厚，风景壮观。

亚布力滑雪场还是国家极地科学考察办公室的冬季训练基地。自 1984 年亚布力滑雪场成为国家极地科学考察办公室冬季训练基地后，已经接待了 29 批赴南极科学考察的人员进行冬训。

此外，2003 年中国残疾人联合会又选中亚布力滑雪场，将其列为中国残疾人冬季项目训练基地。同时看

亚布力滑雪场

中亚布力滑雪场的还有中国滑雪协会，后者将亚布力滑雪场视为国内的滑雪综合训练场地。

亚布力滑雪场的硬件配置造就了其在中国滑雪场和滑雪文化中的领导地位，软件的助推作用也不可小视。经过数十年的发展，亚布力滑雪场拥有了一流的导滑教练队伍。既有一批具有初、中级资格的滑雪指导员，也有众多的专业教练员和运动员定时兼职教练。

亚布力凭借优良的滑雪资源，吸引着众多滑雪爱好者前往。亚布力滑雪场的发展历程也为中国滑雪产业提供了弥足珍贵的经验。

“丝绸之路”的文化名片

新疆阿勒泰地区是人类历史最早的滑雪起源地。不夸张地说，新疆地区应该是中国优秀的滑雪场地。丝绸之路国际度假区坐落于天山山脉，位于乌鲁木齐城南 38 千米处的冰雪运动特色小镇旁，度假区占地面积 12 平方千米，海拔 1600 ~ 3200 米，是新疆首家 5S 级滑雪场，是具有举办国际赛事资格的滑雪度假区，也是 2016 年第 13 届全国冬季运动会的比赛场地。2017 年被国家体育总局授予“国家新疆丝绸之路体育训练基地”的称号。同在天山山脉落户的还有更早建场的白云滑雪场，在发展大潮中坚持从实际出发，滚动发展，现成为天山户外度假区的第二大滑雪场。

之所以说“新疆是个滑雪的好地方”，缘于其优越的自然条件。不同于其他地区，即使在冬天，新疆也常常阳光普照，风景秀丽。尤其是丝绸之路国际度假区所处的天山北麓，即天山北坡逆温带生态谷地。

这里被哈萨克族人称为“冬窝子”，没有寒风和阴云，全年阳光直照的日子超过 300 天。即使在每年最

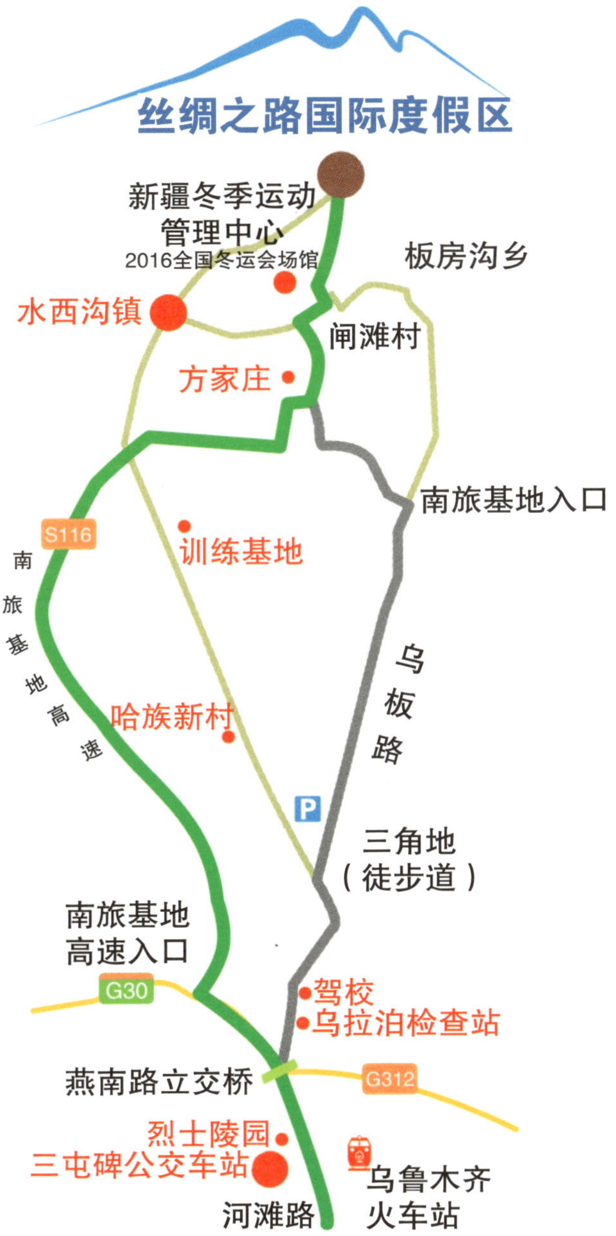

丝绸之路国际度假区所处地理位置

冷的时候，丝绸之路国际度假区的温度也不会低于零下15摄氏度。在冬天大部分的白天，温度常常处于零下10摄氏度到0摄氏度，可以说是“暖冬”，给人带来舒适的感觉。

试想一下，落日余晖下的丝绸之路国际度假区，四周被树海和山包围，漫步在其中，滑雪者的身影倒映成夕阳下跳跃醒目的生机。在“丝绸之路”这个带有异域风情的滑雪场，遇见的是风景，也是在滑雪运动时的心神释放，更是滑雪运动后的酣畅淋漓。

仅仅拥有优越的自然条件还不能成就丝绸之路国际度假区的盛名，科学的设置和配置也是其快速跻身中国优秀滑雪场行列的根本保证。

作为西北地区规模最大的滑雪场，丝绸之路国际度假区建有4300米长的滑雪观光索道，场地可同时容纳1万人滑雪，建有初、中、高级雪道多条，人均占有雪道面积达50平方米以上。

优美的生态环境，宽敞的滑雪道，开发中同时注重文化建设，都为滑雪者提供了良好的滑雪环境，而平整的雪道，更有益于滑雪者在安全的环境中学习和掌握滑雪技巧。丝绸之路国际度假区拥有全球先进的德国压雪车。每天，压雪车会通过机械疏松雪面，在雪道上形成约5厘米厚的松软雪面，使滑雪者的滑行更易于控制，也让滑雪更加安全和舒适。丝绸之路国际度假区以项目全、荣誉称号多名列于全国滑雪场的前列。

2016年，丝绸之路国际度假区和天山天池滑雪场一起成为第13届全国冬季运动会（简称“十三冬”）

滑雪项目的举办地。为迎接十三冬，自 2015 年开始，丝绸之路国际度假区就对高山滑雪比赛雪道的安全升级，增加了安全杆和防护网，为十三冬的顺利举办打下了坚实的基础。

在十三冬比赛期间，来自全国的雪上健儿在丝绸之路国际度假区竞技比拼，共争夺 11 枚金牌，实现新突破。

十三冬之后，丝绸之路国际度假区更是进入快速发展时期，2017 年还将建设完成新疆首条滑雪观光高速缆车、中国首个国际雪联认证的跳台滑雪四季训练场（K75），开发的诸多新项目充满“丝绸之路”理念，充满滑雪文化氛围，丝绸之路国际度假区不愧为“丝绸之路”上一颗明亮的滑雪之星。

走进丝绸之路国际度假区，一条最大坡度达 30 多度，直泻为 2000 米长的雪道就映入眼帘。这就是被称为我国最陡高山雪道的“艾文大道”。从设计到建成，艾文大道离不开一位名叫艾文·斯迪克的意大利人。

艾文·斯迪克曾经是世界滑雪冠军，在国际雪联任职，负责发展中国家的滑雪市场开发。2010 年 5 月，他应邀成为丝绸之路国际度假区的高级顾问。初来乍到，他立即被乌鲁木齐南山区域这块天然的雪场资源，以及宽阔无垠的地理环境深深吸引。

他将丝绸之路国际度假区视为未来雪场的圣地。在此后的 4 个月内，他 4 次往返中国新疆与意大利，在丝绸之路国际度假区的建设上，倾注了一腔热血。在雪道的坡度、高度、路线设计等方面，艾文·斯迪克都有所参与。

丝绸之路国际度假区的艾文大道

不幸的是，在 2010 年 10 月，丝绸之路国际度假区与艾文 · 斯迪克签订战略技术指导合同后，发现他患上了淋巴癌。不过，患病期间，他一直坚持雪场设计，在弥留之际，他仍旧希望团队能够完成他在丝绸之路国际度假区未完成的项目。

现在，艾文大道成为被国际雪联认证的具备举办国际赛事条件的高山赛道，也体现了丝绸之路国际度假区的国际性。

将军山：世界滑雪者的圣地

虎踞在新疆阿勒泰克兰河东岸的将军山是此地的象征和骄傲。这座山的主峰呈现南北走向，面积 18 平方千米，高程 1325 米，可谓沟壑密布，层峦叠嶂，俨然是一位威风凛凛、顶天立地的将军，日夜守护着阿勒泰这片神奇又美丽的山地。

将军山不仅是一座山，还是一座滑雪场，而且还是一座 5S 级的滑雪场。在新疆地区，继丝绸之路国际度假区和天山天池滑雪场之后，将军山滑雪场是第三家 5S 滑雪场。

同处于阿勒泰地区，将军山滑雪场如同丝绸之路国际度假区，具有阿勒泰冬季冰封期漫长、雪量充沛、雪质优良等优势。

因为气象条件各异，每个滑雪场的降雪都各有特色，雪质也会呈现不同形态。就大自然降雪来说，大致有粉状雪、片状雪、浆状雪和壳状雪 4 种。在不同形态的雪上滑行，滑雪者的体验有所不同，对滑雪技巧的要求也不同。总体而言，几乎所有的滑雪者都渴望在

将军山滑雪场

纯天然、没有经过人工压制的粉状雪上滑个“痛痛快快”。

将军山滑雪场冬季寒冷干燥，降雪多为粉状和片状雪。在低于零下 25 摄氏度的环境中，将军山滑雪场中的雪接近于沙子，既不容易结块，摩擦力也比较小。在这样的雪道上滑行，犹如在宽敞平坦的马路上行驶。

但是，不同于丝绸之路国际度假区，将军山滑雪场位于阿勒泰城中，距离广场仅 1.6 千米，对滑雪者而言，无疑是极大的便利，可以将更多时间用于滑雪的体验中，而不是在路程上。

能够免除滑雪者排队之苦的，还在于将军山滑雪场强大的运力。将军山滑雪场拥有 1 条 2 人索道、1 条 4 人索道、2 条魔毯以及 5 条拖牵，每小时的运力可达 4500 人，保证滑雪者在短时间内就能够进入滑行状态。

对滑雪场来说，雪道是立身之本。将军山滑雪场最高海拔 1325 米，最大高差 405 米，共建有 27 条雪道，其中 3 条为高级雪道。1 条高级雪道已经过国际雪联认证，可以举办国际男子、女子大回转、小回转比赛。

国际雪联滑雪场技术官员马库斯曾对其做出高度评价：“这是一条既有技术性，又有一定难度的雪道，在欧洲也很难找到这样的雪道。如果欧洲的运动员及滑雪爱好者来到了这里，一定会使他们对中国滑雪场产生颠覆性的认识。”

将军山滑雪场的中级雪道也很有特色，有一条名叫“金光大道”的超长雪道，长达 3000 米，是新疆目前最长的中级雪道。除此之外，将军山滑雪场还有一条

将军山滑雪场金光大道雪道

长达 1100 米、落差 400 米的野雪道，最大坡度为 35 度，雪深近 1 米。这条雪道依山而建，在顶端处，滑雪者能够俯瞰整个阿勒泰城区。

纵观将军山滑雪场的雪道，有一个有意思的现象，即所有雪道高度层层递进，雪道高度差分别为 60 米、80 米、100 米……是不是感觉充满激励滑雪者的味道？就好像在鼓励滑雪者好好练习，步步高升。

阿尔泰山野雪公园带来的惊喜

人们喜欢滑野雪，既缘于战胜自我的精神，还缘于对自然的归属与认同。深究起来，许多人大概有借助滑野雪，而体会回归大自然怀抱的情怀。

在世界范围内，滑雪的场所环境共有两类，即特定滑雪场的滑雪和滑野雪。

野雪，即自然雪。滑雪者通常将在雪山、高海拔雪场的非机压雪道、树林自然雪道等地的滑雪称为滑野雪。

滑雪与滑野雪的差异，从英文单词中也可见一斑。“滑雪”一词的英文为skiing，“滑野雪”一词的英文为off-trail skiing。前者为“有道”，后者为“无道”，即天然。野雪意味着未知和挑战，滑野雪等同于不走寻常路，能够体验一种战胜自我的非同寻常的运动感觉。

在北欧、北美、日本等国家和地区，由于气候原因，野雪资源比较丰富。即使是滑雪场的雪，也颇有野雪的味道。滑野雪已经发展成为一项相对成熟的运动。一些在网络上风靡的滑雪视频，看得让人惊呼技艺高

阿尔泰山野雪公园

超，基本都是在野雪中完成的。

反观中国，因天然雪资源有限，滑野雪运动有所受困。但是，从古至今，中国滑野雪运动从未停止。最有力的证明就是，作为滑雪文化的起源地，阿勒泰地区的世代滑雪人就是在狂滑野雪。

延续到现在，阿勒泰地区仍旧是中国滑雪文化发达地区之一，是滑雪爱好者向往的圣地，也是野雪资源最丰富的地区。依托于自然条件的优势，阿尔泰山野雪公园成为一座备受滑雪者追捧的遗世独立的世外雪园。

阿尔泰山野雪公园位于阿勒泰市区东北方向 25 千米处，2016 年 12 月开始运营，占地 2000 平方千米。在野雪公园北侧，是阿尔泰山诸多海拔 3000 多米的主山脉，主峰友谊峰海拔 4374 米，是阿尔泰山野雪公园储存丰富野雪的保障，也是待适度开发的野雪圣洁之地。公园总共规划开发几十个大小不一的滑野雪区域，每个区域可达数十乃至数百平方千米，对全国而言，在如此巨大的天然滑雪场中畅滑天然粉雪，是绝无仅有的。

阿尔泰山脉阻挡了来自西伯利亚寒冷空气的直接侵入。山脉前的地带能够接受充足的日照，冬季也能够保持无风或微风的状态，让人体感温和舒适。而且，野雪公园处于阿尔泰山脉南侧腹地，此地冬季降雪量大、雪期长，年平均累计降雪量超过 2 米，对于滑雪运动来说，具有得天独厚的优势。从每年的 10 月一直延续到次年的 5 月，滑雪者都可以享受到有效安全的滑野雪的乐趣。

阿尔泰山脉为阿尔泰山野雪公园做出的贡献不仅

野雪中激情的飞扬

在于提供了丰裕的野雪资源，还提供了完美的落差和山形。在国际上，海拔 2000 ~ 3500 米是公认的最佳滑雪区间。阿尔泰山野雪公园恰好在这样的区间内。在这一区间滑行，滑雪者在体验到滑行乐趣的同时，还能够避免高原反应的困扰。

此外，阿尔泰山的大部分山体呈现浑圆的形态，曲线比较优美，没有特别陡峭的悬崖，而且山间基本都是高山草甸，地面平整，能够保证不需要通过伐树开路就可以滑行流畅。对滑雪者来说，漫山遍野都是雪道，可以随心所欲地滑行，只需要从山顶顺势而下，粉雪就会在脚底下滑开一条雪道。滑雪者眼望四周皑皑一片雪地，心旷神怡，这难道不是滑雪追求的最高境界吗？

在全国的滑雪场中，阿尔泰山野雪公园首开直升机滑雪项目。所谓直升机滑雪，指的是通过直升机将滑雪者运到滑雪起点，然后进行滑雪的方式。一般而言，滑雪起点处于山顶，滑雪者在这里尽享滑野雪的乐趣，而滑行的路线属于道外，难度比较大，充满刺激。

直升机滑雪起源于欧美。在 20 世纪 50 年代，美国阿拉斯加州和欧洲的滑雪者就开始将直升机用作滑雪运输工具。但是直到 1965 年，加拿大现代登山业的创始人汉斯·格莫瑟才正式推动直升机滑雪商业运动。

因为涉及的费用比较高昂，直升机滑雪更多在美国、欧洲和加拿大开展，没有进入中国。2016 年 12 月 7 日，阿尔泰山野雪公园打破了这个局面。当天，中国第一个直升机滑雪项目试运行成功，这也拉开了中国的滑雪场开展直升机滑雪的大幕。

在阿尔泰山野雪公园，为了保护生态环境，除了可以体验直升机滑雪，也可以体验“雪猫滑行”。与前者相比，后者更应是阿尔泰山野雪公园的特色。

所谓“雪猫滑行”，是借助一种滑行上升工具进行的滑雪运动。具体来讲，是使用压雪车改装定制而成的大车厢，这种车厢载客能力强，能承载 14~20 人。它可以靠自己的履带能力和压雪能力，到达没有人去过的新雪地带，能够“攀登”上更高的山顶，是一种高效的滑行上升工具。它在雪地里的灵活性和机动能力堪比猫，因而得名“雪猫”。

阿尔泰山野雪公园不仅给我们带来野雪和高山风光，还将阿尔泰山脉可终年滑野雪的资源展现出来。

阿尔泰山的地理位置独特，范围涉及 4 个国家，即中国、哈萨克斯坦、俄罗斯和蒙古国。阿尔泰山野雪公园其中的一个区域靠近蒙古国，海拔达到 3980 米，落差接近 1800 米，有着常年不化的冰川，这里是建立“夏季滑雪公园”的理想天地。

阿尔泰山野雪公园的董事长谷稷先生自豪地说道：“阿尔泰山的中国一侧，山体资源、天然雪资源、气候特色、原始的生态景观，尤其是人类滑雪的‘太阳’最早从这里升起的资源……世界上哪个山区能与之相比！”

未来，在人类滑雪起源文化的推动下，阿勒泰一定会成为国际级的滑雪大区，而阿尔泰山野雪公园也将成为世界滑雪爱好者的天堂。

北京开启的“冰雪盛宴”

有人曾这样形容滑雪时的感觉：“滑雪有一种飞翔的感觉。风在耳边呼啸，雪地在脚下颠簸，周围的一切在眼前飞驰。而你与这一切的间隔为零，没有玻璃风挡，没有金属外壳，没有避震悬挂。人与速度的零距离接触，这是怎样的体验！”

这种神奇的体验，吸引着越来越多的人加入滑雪这项运动。而伴随着北京将举办冬奥会“捷报”的传来，北京也开启了热闹非凡的“冰雪盛宴”。

2017 年 3 月上旬，伴随天气转暖，北京的多家滑雪场陆续发布停业公告，持续了 3 个多月的 2016—2017 年雪季宣告结束。根据蓝皮书测算，2016 年北京 24 家滑雪场共接待游客 171 万人次，为全国之首。

2017 年 2 月下旬，北京迎来当年第一场大范围降雪。这场大雪，从中午一直持续到傍晚，对当年降雪稀少的北京和北京周边的 24 家滑雪场来说，都是极其珍贵的。

从全国来看，北京的滑雪场处于前列。综观北京的

24 家滑雪场，除了鸟巢滑雪场位于市区中心外，其余主要分布在城郊。其中，规模较大的南山滑雪场、怀北国际滑雪场、军都山滑雪场和渔阳滑雪场都分布在北京北部；而万龙八易滑雪场、龙熙滑雪场和雪都滑雪场则分布在北京南部，前者位于丰台区，后两者位于大兴区。

在北京各大滑雪场中，文化氛围浓厚、服务周全、规模大、设施先进、雪道种类较为齐全的当数南山滑雪场。

南山麦罗公园（南山滑雪场提供）

这家位于北京郊区东北方向的密云河南寨镇圣水头村的中型滑雪场，从北京市区出发，30 分钟即可到达。它也是集滑雪、娱乐和攀冰等动感休闲运动项目于一体的冬季度假村。

南山滑雪场共有 25 条滑雪道，囊括高、中、初级滑雪道、教学道和娱雪道，以及深受滑雪爱好者喜爱的滑雪公园。

对于那些单板迷来说，世界著名单板滑雪公园——麦罗公园进驻南山滑雪场，这是一个极具诱惑力的项目。麦罗公园里，有 3 个大跳台、6 个形状各异的铁杆，还有巨大的单板墙，每一个项目、每一处设施都能让滑雪者快乐飞翔。

除了单板滑雪场麦罗公园，南山滑雪场还有令滑雪者留恋的波浪滑雪道。曲折的地形，能够让滑雪者充分体验到在银色波浪上驰骋的感觉。在南山滑雪场后山高级滑雪道南侧的 X–chute（极限雪沟）道外滑雪线路也吸引着滑雪者争相前往，其最大陡度为 35 度，是国内登山滑雪和出国道外野雪爱好者高效率技术练习的场地。

一个设施完备的滑雪场肯定不能忘记初学者以及儿童滑雪者，在这方面，南山滑雪场考虑得比较周全。这里不仅设有儿童专用滑雪教学道，还配备了魔毯，能够充分满足儿童安全入门并提高滑雪技术的需求。

如果你不甘于只是滑雪，还想顺便体验一下美景，那么北京怀北国际滑雪场是理想的选择之一。

北京怀北国际滑雪场成立于 2001 年，是北京较早的滑雪场，坐落于素有北京“后花园”之称的怀柔区九谷口自然风景区内。这里，长城三面环绕，风景优美，而且地表水丰富、空气干爽，被誉为北京风景最美的滑雪场。

值得一提的是，怀北国际滑雪场不仅风景优美，而且雪质优良。因为位于燕山山脉，被群山环绕，故而怀北国际滑雪场是典型的小盆地气候，空气寒冷、干燥，再加上全部使用地表水造雪，水温始终保持在 0~4 摄氏度。这种独特的“冷湖效应”给怀北国际滑雪场带来的便利是每年 11 月中旬就可以造雪，雪质呈粉状，对滑雪者来说，不软不硬，滑雪感受十分舒适。

不可否认，怀北国际滑雪场是一家较好的滑雪场，不仅拥有全长 5100 米的开放雪道，落差有 233 米，还拥有 8 条涵盖初、中、高级的雪道，能够服务各类滑雪爱好者和体验者。同时，它也是一座戏雪乐园。除滑雪之外，怀北国际滑雪场还为游客准备了丰富多彩的娱乐项目（包括雪圈、雪地射箭、攀冰、雪地摩托等），并且重新改造了雪地摩托道和雪圈道，能够满足游客多种需求。

随着北京—张家口冬奥会的临近，越来越多没有滑雪基础的爱好者开始涌入滑雪场。对于零基础的滑雪爱好者，想要享受滑雪乐趣，万龙八易滑雪场和军都山滑雪场可能是最佳选择。

军都山滑雪场是北京郊区距市区最近的滑雪场，而万龙八易滑雪场位于西五环与西六环之间，也可算作北京市区内的滑雪场，地理位置极其优越，交通十分便利。

在万龙八易滑雪场，共有 8 条不同级别的雪道，

长城脚下的怀北国际滑雪场
（邓学军拍摄，北京怀北国际滑雪场提供）

包括两条初级雪道、两条中级雪道、一条高级雪道、一条单板练习道、一条雪圈道和一条免费教学道，可以满足不同滑雪群体的需求，更适合于广大滑雪爱好者体验滑雪乐趣。

觉得万龙八易滑雪场不过瘾的滑雪者，还可以选择军都山滑雪场。军都山滑雪场位于昌平区军都山山麓，地理位置也可圈可点——西邻明十三陵，东邻著名的小汤山温泉度假区。

军都山滑雪场有高级雪道；还有两条近 1000 米的不同坡度变化的中级雪道，更加安全舒适，足以使初中级滑雪者过把瘾。

军都山滑雪场还建有滑雪学校，教练队伍由专业运动员与从事高山滑雪运动的健将组成。其中，多人还曾在国内外重大赛事中夺得冠、亚军。

北京渔阳滑雪场以拥有面积广大的初、中级滑雪区域、安全的长线路高级滑雪道以及高效益的四季运营而著称，这里的生态环境良好，教学体系稳定成熟，是平谷区的优秀企业。有高职位的滑雪教练手把手教，零基础的滑雪爱好者学会滑雪应该不再是不能完成的任务，而且，他们可能很快就会体验到滑雪运动的酣畅淋漓。

崇礼：开创滑雪新纪元

位于河北省西北部的崇礼县城，原本是张家口市下属的一座安详静谧的小城。北京冬奥会申办成功，作为冬奥会滑雪项目举办地，崇礼一举成名天下知。也许有人诧异于崇礼的入选。在了解崇礼之后，你就会发现，崇礼被选为北京冬奥会滑雪项目举办地，一点也不突兀，而且是十分科学理性的选择。

“塞上八月霜成冰，故时名传十三省。北来飘雪

崇礼雪花造型的街灯

万龙滑雪场“大奔儿头”雪道

南飞燕，左拥游牧右农耕。武丁挥钺收疆土，秦开驱虏筑长城。三朝过后无边角，古道沙场吊群英。”一首《桦岭积雪》描绘了崇礼茫茫山岭的壮美风光，也折射出崇礼文化积淀的灿烂深厚。

现在，崇礼不仅有距离北京最近的大型山地雪场群，还是华北地区最理想的雪上项目大型赛事举办地。

从北京驱车一路向西北，驶过京藏高速沿线的重重山峦，进入河北省，到达崇礼。进入县城，你可能会明显感到，冰雪文化已经渗入其每一个细胞。行走在主干道上，一排排雪花造型的街灯首先映入眼帘，在雪花街灯旁边有一条弧形的雪道，将盏盏雪花街灯串联在一起。当你看到点点晶莹的灯光时，可能会恍惚：这莫非是雪花在飞舞？

虽然短时间内会被拉回现实，但崇礼县中的那种细腻且富有诗意的文化韵味，已经不自觉地流淌而出。

当然，作为北京冬奥会滑雪项目举办地，崇礼的滑雪场建设在国内更是首屈一指。从普通滑雪爱好者到世界顶尖滑雪运动员，都能在崇礼的滑雪场体验到滑雪的乐趣。无论你的滑雪项目是回转、自由式还是滑野雪，都能在崇礼尽情挥洒。

按照国家标准，崇礼已经建成含高级、中级和初级在内的102条，总长达112.6千米的雪道，各类索道和魔毯共有38条，总长达25.9千米。计算下来，每小时，雪场索道的总运力达4万多人次。其中8条高级雪道获得国际雪联赛道认证。因为在滑雪方面的雄厚实力，崇礼已先后承办“国际雪联高山滑雪远东杯赛”“国际雪联高山滑雪积分赛”等国际、国内赛事

42 场。同时，崇礼已成为国内外滑雪训练的理想基地，群众性、普及性的滑雪也在爆发式发展中。

具体来看，崇礼已经建有万龙、密苑云顶、多乐美地、长城岭、太舞、富龙、翠云山 7 座功能齐全、各具特色的大型滑雪场。

在 7 座滑雪场中，位于红花梁区域内的万龙滑雪场是国内第一家开放式滑雪场，现共有包括高级、中级和初级在内的 32 条雪道，雪道总面积达 140 多万平方米，树林野雪总面积达 230 余万平方米。

崇礼太舞滑雪小镇全景

（张家口崇礼太舞企业管理有限公司提供）

密苑云顶滑雪场俯视图

万龙滑雪场是滑雪“老炮儿”的聚集地，也是滑雪发烧友心中的一块“圣地”。万龙滑雪场雪期长（11月份至来年5月份），32条雪道均设有造雪炮，设备采用全自动造雪系统，雪质有保障。其雪道最大的特色就是变化多端和富有挑战。在万龙滑雪场中活跃的，更多是在磨炼技术的高级滑雪者。还有一些堪称骨灰级的滑雪玩家，以挑战小树林野雪和万龙滑雪场的招牌“大奔儿头”雪道为荣。

崇礼富龙滑雪场夜景（富龙品牌公关部提供）

顾名思义，“大奔儿头”是一条坡道陡峭的高级雪道。站在这条雪道上，滑雪者很难看到下方的雪道，进入视线范围内的只能是近处的边界线。对滑雪初学者来说，“大奔儿头”并不适宜，也几乎看不到初学者踏入其中。

近年来，万龙滑雪场一直在发展扩建。除了雪道，不断增加的还有国内外知名的雪具和索道。在万龙滑雪场雪具大厅中，有上千套高级雪具，供各种水平的滑雪者使用。为普及滑雪文化，万龙滑雪场在成立的当年，还设立了一所专业化滑雪学校，在培养大众滑雪兴趣、推广滑雪产业在我国健康、迅速发展方面，起到了积极作用。

与万龙滑雪场更适合于专业滑雪者不同，太舞滑雪场中，初级、中级和高级雪道的占比分别为 3 ∶ 4 ∶ 3，既能保证专业的竞技赛事，又能满足初级和中级滑雪爱好者的滑雪需求。

太舞滑雪场的最大特色为初级雪道区，造雪面积达 15 万平方米。为了保证初学者安全入门，初级雪道区不仅有独立区划，还配备魔毯、脱挂式抱索器、高速吊椅缆车，能够提高初学者的滑雪效率，让他们轻松地享受愉快的滑雪时光。

除了初级雪道，太舞滑雪场也有足够的中级和高级雪道，为滑雪者提供更精彩的滑雪体验。值得一提的是，其中的“现代舞”“兰巴达”等特殊雪道，最长约 800 米，可以让专业滑雪者在充分体验滑雪的畅快感之外，接受更多的挑战。

除万龙滑雪场和太舞滑雪场之外的其余 4 家滑雪场，也都各有特色。比如，密苑云顶滑雪场作为 2022 年冬奥会诸多滑雪项目比赛场地，实实在在乘上了通往冬奥会的“班车”，扛起了崇礼滑雪赛区的大旗。密苑云顶滑雪场占地 100 平方千米，2012 年正式开业，是由马来西亚两个集团投资 180 亿元共同开发的。滑雪场的高管外籍人居多，他们都是管理滑雪场的行家里手，总裁林致华于 2017 年 10 月被京张冬奥研究中心授予“冬奥之友杰出贡献奖”。密苑云顶滑雪场多年来

塞北雪山度假村的文化蕴意

以综合服务质优而著称，目前正在扩建提档，以饱满的激情迎接冬奥会的到来。

长城岭滑雪场由河北省体育局投资，是运动员高原训练基地。

富龙滑雪场是一座新建的滑雪场，也是崇礼第一家开放夜场并实现旅店与滑雪道无缝对接，真正滑进滑出的滑雪度假区，独具特色，大有后来居上的势头。

就现代大众滑雪而言，崇礼滑雪起步早起点高。1997 年初，华北第一家塞北滑雪场在崇礼县落户，率先拉动了崇礼县的旅游经济、冰雪产业的起步和发展。由此点燃崇礼滑雪的燎原大火，开辟了崇礼县滑雪致富的大道。2003 年万龙滑雪场开业是崇礼滑雪产业的又一座里程碑，标志着崇礼真正拥有了高级滑雪场，并与塞北滑雪场携手，为中国滑雪产业的起步与发展做出了历史性贡献。

崇礼之所以能够开创滑雪新纪元，除独特的地理优势和天然禀赋，还缘于崇礼区域内的滑雪场以滑雪者的需求为导向不断升级服务，以及整体滑雪文化氛围的营造。这是崇礼县几届领导班子接力式不懈努力推进的结晶。

对滑雪者而言，雪道的平整程度、雪场的温度和风力，以及雪道、道路交通的畅通与否、饮食口味如何、安全设施怎样等，都直接关系到滑雪体验的舒适性、安全度、认同度。崇礼领导层及各雪场的老板们在滑雪体验上不断下功夫，致力于为滑雪者提供美妙且难忘的滑雪体验，也推动自己走到中国滑雪产业的焦点之内，成为中国新登场的现代滑雪大区域的缔造者。

城市里的“蚂蚁雄兵营”

社会不只是由大机构组成，更是由一个个小组织或个体构建而成。与大机构相比，小组织或许不起眼，但力量却不容小视，甚至具备影响历史进程的力量。

与大企业相比，中小企业规模较小、实力较弱，但千万中小企业组成的“蚂蚁雄兵”却是推动社会创新和经济发展不可或缺的巨大动力。数据显示，全国 1240 万家中小企业解决了 80% 以上的社会就业，贡献了 60% 的 GDP 和 50% 的税收。

与处于郊区的大中型滑雪场相比，市区内的滑雪场囿于城市规划等原因，规模有限。但就普及滑雪运动以及推动中国滑雪产业发展方面，这些城市里的“蚂蚁雄兵”的力量也不可小觑。

2009 年 12 月 19 日，第 1 届鸟巢冰雪季在北京奥林匹克公园内的国家体育场正式举行，这标志着鸟巢滑雪场对外张开臂膀，为北京民众和国内外游客打造了一个北京市区最大的雪上活动场所。

虽名为鸟巢滑雪场，但是滑雪场并不在鸟巢之内，而在鸟巢之外的西北角，被称为附场。没有亲临鸟巢滑雪场的滑雪者在去之前，可能心中有所怀疑：与郊外的滑雪场相比，鸟巢滑雪场会不会太小？有滑雪氛围吗？

如果去过一次，相信滑雪者心中的疑虑就会打消。鸟巢滑雪场中的雪比想象中的更加细腻、更白，也更加有韵味。著名的百米初级道以鸟巢为背景，有两块大屏幕正对着雪道，屏幕中实况转播鸟巢主场演出。这是鸟巢滑雪场最大的特点，试想一下：一边滑雪，一边观看鸟巢中的演出，这是野外滑雪场中绝对没有的服务。

不得不说，鸟巢滑雪场虽然只有一条初级道，服务却属于 VIP 级别。突出表现为，不仅与滑雪相关的服装和器具都比较新颖，而且就教练而言，足足有 30 名，还有更多的巡查员。其实，鸟巢滑雪场的雪道牵引器已经足以保证滑雪者的安全，站在这条神奇的传送带上，滑雪者绝对不会摔跤。

和鸟巢滑雪场连为一体的，是鸟巢主场里众多的冰雪游戏场地。进入鸟巢，能看到雪山舞台，每天都有暖场演出。在鸟巢南看台是雪圈区，这里的亮点是雪道多且设计多样。因为大雪圈速度慢，所以深受儿童和女士喜欢。在雪圈区北部有一座雪山。站在这座雪山上，既可以俯瞰鸟巢全景，也可以打雪仗，既好玩，又有趣。

北方四季分明，冬季下雪是常见的自然现象，与之相比，南方冬季气温较高，下雪较为罕见。但是，南方的室内滑雪场却不逊色于北方。在地处四季如春的南国中的深圳，2000 年 7 月，深圳世界之窗的阿尔卑斯山室内滑雪场面向游客开业。阿尔卑斯山室内滑雪场是中国第一座室内滑雪场，仿照天然雪场环境而建，室内温度常年保持在零下 5 摄氏度左右。即使深圳温度再高，身处阿尔卑斯山室内滑雪场，仍旧仿佛置身于茫茫雪山之中。

阿尔卑斯山室内滑雪场的分区非常科学，共分专业滑雪区、雪圈滑行区和儿童戏雪区三部分。滑雪者可以根据自己的年龄、技术选择合适的区域。

鸟巢滑雪场的百米初级道

河北省保定狼牙山滑雪场

阿尔卑斯山室内滑雪场也是孩子的玩雪乐园，有专门为儿童开辟的小型滑坡和戏雪区，小朋友可与各类栩栩如生的仿真动物、旅游者打雪仗。

如果你无心滑雪和玩雪，可以到滑雪场二楼的观雪区，通过巨大的落地玻璃窗向内看，滑雪场内的欢乐情景一览无余。

阿尔卑斯山室内滑雪场赋予冰雪世界一种浪漫色彩，吸引着越来越多的滑雪爱好者和游客。

狼牙山滑雪场位于河北省保定市易县狼牙山脚下，2012 年初由北京卡宾滑雪集团提供一站式服务而建成。狼牙山滑雪场以发展生态旅游为主线，整合周边景区资源，定位为中国大型的冰雪主题乐园，项目丰富，接近民情，具有一系列冬季旅游产品，如单板滑雪、高山滑雪、儿童戏雪、堆雪人大赛、大众雪雕比赛、冰上拔河、雪地套圈比赛、雪圈、雪地摩托、打雪仗等。这些趣味赛事相对简单，安全系数高，很适合大众游客娱乐。结合群众的乐趣，滑雪场还创立了趣味滑雪、儿童卡通游乐、DIY 冰雪乐园、雪地卡丁车、雪地拉力赛、雪地婚礼、雪地餐厅等，以及室内外小型攀岩、汽车拉力赛、山地花卉、露营、山地自行车、滑翔伞、滑道等四季项目，使滑雪场实现了冬夏两旺的可喜局面，收到很好的效果。仅 2016 年，狼牙山滑雪场客人便超过 2000 万人次，收入 3000 余万元，显示出强大的生命力。

无论是北京的鸟巢滑雪场，还是深圳的阿尔卑斯山室内滑雪场、河北省的狼牙山滑雪场，抑或其他城市里的室内滑雪场和各类娱雪乐园，都受到游客的好评。与郊外的较大型天然滑雪场相比，它们更像是入门级别、兼具乐园性质的初级滑雪场，但其在滑雪趣味性、便捷性方面，都更胜后者一筹。

城市里的“蚂蚁雄兵营”并非不能有大作为。2017 年竣工开业的哈尔滨万达娱雪乐园就是世界最大的滑雪馆，试营业头几天，接待“冲进来”的滑雪者便达几千人。坐落在北京奥林匹克森林公园的奥森尖锋旱雪四季滑雪场，夜场备受欢迎。成队的青少年、工作之

哈尔滨万达娱雪乐园

余的白领都是这里的常客。

滑雪是一项运动，既有竞技的意义，更有强身健体的意义。在运动中调节放松身心，就此来说，城市里的“蚂蚁雄兵营”是不可缺少的存在。

下篇

传承滑雪精神，

发展滑雪文化

从十三冬说起

第 13 届全国冬季运动会（简称十三冬）熊熊燃烧的圣火，不仅让人们相聚大美新疆，共享精彩冬运，更照亮了中国滑雪产业的发展道路，为滑雪产业的发展带来了无限的想象空间。

2016 年 1 月 20—30 日，十三冬在新疆维吾尔自治区举行。作为中国规模最大、级别最高的冬季综合性体育赛事，十三冬是对举办地区域经济发展及赛事承办水平的一项大考，对于推动具备丰富冰雪资源的新疆的经济发展，以及推动我国的冰雪运动发展来说，意义重大。

在十三冬之前，除了 1965 年第 2 届全国冬季运动会未能如期举行，1979 年第 4 届全国冬季运动会由黑龙江尚志市、新疆乌鲁木齐市（只举办速度滑冰）和北京市联合举办外，其余 10 届全国冬季运动会毫无例外都在东北的黑龙江、吉林两省举行。十三冬“落户”新疆，是一次地理上的大迁徙。

黑龙江省和吉林省之所以成为全国冬季运动会的

“常驻”举办地，冰雪资源丰富肯定是其得天独厚的优势。一直以来，东北都是中国冰雪运动的大本营。为均衡我国冰雪运动发展，早在20世纪80年代末，“北冰南展”概念便被冬季运动管理者提出。2010年温哥华冬奥会，中国冬奥军团取得重大历史性突破，夺得5枚金牌，在全国刮起“冰雪狂潮”。

借冬奥夺金契机，国家体育总局冬季运动管理中心制定了冬季项目的中长期发展规划，将“北冰南展西扩”作为其中重要内容之一。

2010年底，新疆体育局正式向国家体育总局递交了申办2016年全国冬运会的第三次申请。历时一年，新疆维吾尔自治区最终从与辽宁、河北、内蒙古等省区的竞争中脱颖而出。新疆的申办成功，也缘于其不逊色于东北地区的雪资源。

众所周知，新疆许多高山地区拥有得天独厚的冰雪运动条件——冬季长达半年，降雪早、雪期长、雪质好，这使其逐渐成为各地冰雪运动爱好者的首选之地。

除了独特的自然资源，新疆还拥有举办冬季运动会必需的场馆等硬件设施。新疆现有各类滑雪场60多个，其中S级以上滑雪场28家。很多滑雪场能够承办赛事。坐落于天山脚下的丝绸之路国际度假区和天山天池国际滑雪场就是因其优越的综合条件成为十三冬雪上项目的承办地。

十三冬赛事主要在乌鲁木齐市和昌吉回族自治州两个赛区举行。其中，乌鲁木齐赛区主要在自治区冰上运动中心和丝绸之路国际度假区，承办了速度滑冰、短道速滑、花样滑冰、冰球、冰壶及高山滑雪等。昌吉赛区主要指天山天池国际滑雪场，承办越野滑雪、冬季两项、单板滑雪 U 形场地技巧、自由式滑雪雪上技巧等雪上项目。

不过，需要说明的是，由于跳台滑雪设施造价高昂，且使用率极低，故而跳台滑雪比赛在黑龙江省亚布力体育训练基地提前举办。

在新疆，冰雪运动还有悠久的历史和深厚的群众基础。随着现代冰雪运动的开展，当地高山滑雪、越野滑雪等活动都开展得风生水起，在不少单项上和某些优势项目上，都出现过多名高手，比如刘奕飞、赵志华等国内速滑名将。在这次十三冬举办过程中，新疆当地的群众参与热情也是极度高涨。81 岁的刘志清老人是冰雪运动的忠实“粉丝”。2016 年 1 月 26 日，他在新疆冰上运动中心观看了花样滑冰比赛，直言这是人生最大的享受。

刘志清老人的老家在东北，滑雪、滑冰是他儿时最美好的回忆和乐趣。来到新疆后，他的爱好一直没有改变，他一直梦想着在新疆观看高水平的花样滑冰比赛。当这一天真的来到，刘志清感慨颇深：“以前都是在电视上看这样的比赛。现场看就是不一样，真实、全面，尤其当新疆选手出场的时候，我和其他观众都激动坏了，使劲为他们鼓掌。我能感受到大家对冰雪运动的热情。”①

刘志清老人是十三冬的亲历者，也是新疆滑雪运动

---

①《十三冬让新疆人充满自豪和希望》，新疆经济报，2016-02-03

发展和中国滑雪运动发展的见证者。凭借十三冬的平台，新疆的冰雪资源被深度发掘和使用，也为“三亿人参与冰雪运动”的目标做出了贡献。

在 2022 年北京冬奥会即将来临之际，十三冬的举办也等于提前做了“大练兵”，“搅热”了新疆的寒冬，点燃了新疆和全国人民的激情。如此而言，十三冬被视为中国滑雪运动的里程碑，当之无愧。

十三冬呈现的冬季运动竞技比赛，既体现了“北冰南展西扩”的进展，也是冬季体育竞技层面的一个缩影。更难能可贵的是，在国家大力发展冰雪运动的时代背景下，它推动了全国各地的人们，包括青少年都参与到冰雪运动中，相当于为冰雪产业添了把“火”，点燃了新疆乃至国内大众的冰雪激情，带动和感召越来越多的人参与到冰雪运动中来，绘就“三亿人参与冰雪运动”的壮丽画卷。

世界滑雪人走进阿勒泰

当世界滑雪人走进阿勒泰，也就意味着阿勒泰走向了世界，走进了世界滑雪的中心地带。

2006 年 1 月 16 日，对于世界滑雪历史具有重大意义的《阿勒泰宣言》发布，正式确认阿勒泰为世界滑雪起源地。阿勒泰距今至少已有一万年的滑雪历史，与此相比，此前考证的瑞典 4500 年的滑雪历史、挪威至少 5000 年的滑雪历史，以及俄罗斯 8000 年的滑雪历史，相继退位。

早在 1993 年，中国第一位全国滑雪冠军单兆鉴所著《怎样练习滑雪》就首先提出“阿勒泰地区可能是人类滑雪起源地”的观点。

2006 年 12 月 15 日，阿勒泰市在北京人民大会堂新闻发布厅召开“中国新疆阿勒泰是人类滑雪最早起源地”新闻发布会，庄严宣布：中国新疆阿勒泰是人类滑雪最早起源地。2007 年 1 月 16 日，阿勒泰市正式荣获“大世界基尼斯之最”证书。

上海大世界基尼斯总部认证新疆阿勒泰为最早的滑雪起源地

此后，在国内出版的多部著作和发表的多篇学术文

北京人民大会堂新闻发布会

章中，这一说法被多次提及，故逐渐为国人所知。但是，囿于种种原因，阿勒泰“人类滑雪起源地”的地位并未得到国际上的广泛认可。

在 2006—2016 年的 10 年间，单兆鉴做了很多宣传和推广工作，试图将“阿勒泰是人类滑雪最早起源地”这一结论推广到国际上。除寻找一切机会与来华的国外人士接触、交流、宣讲之外，他还曾先后多次组织团队到北欧诸国以及德国、瑞士、奥地利等国家和国际滑雪组织主动宣讲、赠书。

在芬兰交流的时候，单兆鉴回应了当地记者的提问。针对不同的看法，单兆鉴抱着开放的心态，认为有些不同看法是学术界正常的现象，可以长期互存，最终达成共识。

2015 中国阿勒泰国际古老滑雪文化交流研讨会会徽

一直到 2015 年，世界滑雪人走进阿勒泰，这进一步夯实了阿勒泰人类滑雪摇篮的国际地位。

2015 年 1 月 14—18 日，在《阿勒泰宣言》发布近 9 周年之际，2015 中国阿勒泰国际古老滑雪文化交流研讨会在阿勒泰市召开，这是在中国举办的国际滑雪盛会，也是世界同类会议规模最大的一次。

来自挪威、瑞典、芬兰、美国等 18 个国家和地区的 30 余位专家、学者参会，专家们在研讨会期间交流世界滑雪文化、宣读他们在阿勒泰地区的考察研究成果，进一步感悟到“中国新疆阿勒泰是世界人类最古老的滑雪地域”。

研讨会期间，与会代表参观了阿勒泰市摄影展、阿勒泰市博物馆、阿勒泰地区博物馆，并来到拉斯特乡欣赏哈萨克族叼羊、姑娘追、赛马以及蒙古族射箭等表演。同时，专家学者对阿勒泰古老滑雪文化与资源进行考察研究，观看当地古老滑雪比赛和民间艺人

2015 中国阿勒泰国际古老滑雪文化交流研讨会

制作古老滑雪板。

在汗德尕特乡古老滑雪岩画所在地，专家学者考察了敦德布拉克滑雪狩猎岩画。当地群众身着传统服饰用蒙古族习俗欢迎远方的客人，使客人不仅欣赏了古老岩画，还感受到了蒙古族传统习俗的魅力。

回忆起当时的参会情景，单兆鉴记忆犹新："有些专家来的时候半信半疑，走的时候坚定不移。"

美国古老滑雪文化研究专家尼尔·拉尔森是这次会议的参与者，此前也多次到阿勒泰做过实地调查。为了让更多人了解阿勒泰古老滑雪的历史文化，呼吁对其进行更好的保护和挖掘，他将收集拍摄的有关古老滑雪起源地的论证资料编制成 DVD，供各国专家学者观看和研究。

挪威奥斯陆滑雪博物馆馆长卡琳·伯格女士对阿勒

中外专家共同宣布《阿勒泰宣言》

泰地区的古老滑雪一直关注。她表示世界现代滑雪运动是从挪威等北欧国家兴起的，但是，当今保持古老滑雪传统和制作古老滑雪板的地方唯有中国新疆的阿勒泰。卡琳·伯格还引用了挪威极地探险家南森的结论。

早在20世纪20年代，挪威极地探险家弗里德乔夫·南森曾穿着滑雪板，推着雪橇，完成了横穿格陵兰岛的创举，在世界上引起轰动。这位在世界滑雪运动史上有影响的人物，在他的一本书中写道：滑雪运动起源于挪威东方的阿尔泰山。

通过这次对阿勒泰地区的实地考察，卡琳 · 伯格支持新疆阿勒泰是世界上最古老的滑雪地域，是人类滑雪的摇篮。

不仅如此，她还对阿勒泰的冰雪产业发展提出了自己的建议：“阿勒泰有这么好的滑雪资源，结合滑雪文化，以后希望阿勒泰在这方面会发展得更好，发展成为一个包容性强的、多样性的旅游城市，旅游集散的中心。”同时建议“当地设立专项资金，研究古老滑雪起源文化，更好地保护文化遗产”。[①]

冰雪文化是冰雪运动发展的基石，对中国传统冰雪文化的发掘有助于提升我们的文化自信，有利于营造良好的冬奥氛围，并为带动“三亿人参与冰雪运动”增添文化动力。

---

①《专家建议将古老滑雪文化融入阿勒泰冰雪旅游》，新疆新闻在线网，2015-01-19

附：《2015中国阿勒泰国际古老滑雪文化交流研讨会专家宣言》

2015中国阿勒泰国际古老滑雪文化交流研讨会专家宣言

我们是滑雪历史及相关领域的研究者。2015年1月14日—18日，我们相聚中国新疆阿勒泰市参加了“阿勒泰——人类最古老的滑雪地域 2015中国阿勒泰国际古老滑雪文化交流研讨会”。

经过此次研讨会的讨论和协商，我们达成了以下共识：

1. 此次研讨会很好地结合了会议交流和实地考察两大环节，主题突出，内容丰富。我们确信此次会议必将在中国及世界领域产生积极而深远的影响。我们衷心感谢此次会议的组委会对活动的精心安排，尊重中国阿勒泰地区古老滑雪历史和文化的科学研究及记载。

2. 中国新疆阿勒泰是世界上最重要的古老滑雪地域。这不仅是人类滑雪历史上宝贵的遗产，亦是对世界滑雪文化的重大贡献。我们对阿勒泰市政府和中国专家的专业成果给予充分的肯定及支持。

3. 我们倡议中国阿勒泰要不断弘扬古老滑雪传统，并将它世代传承。

4. 我们希望能与阿尔泰山脉周边国家建立牢固的合作关系，及时分享知识、信息与成果。

最后，我们有决心弘扬阿勒泰古老滑雪传统，繁荣世界滑雪文化。

2015 年 1 月 18 日 于中国新疆阿勒泰市

（注：此宣言已译成英文、俄文、哈萨克文、蒙古文）

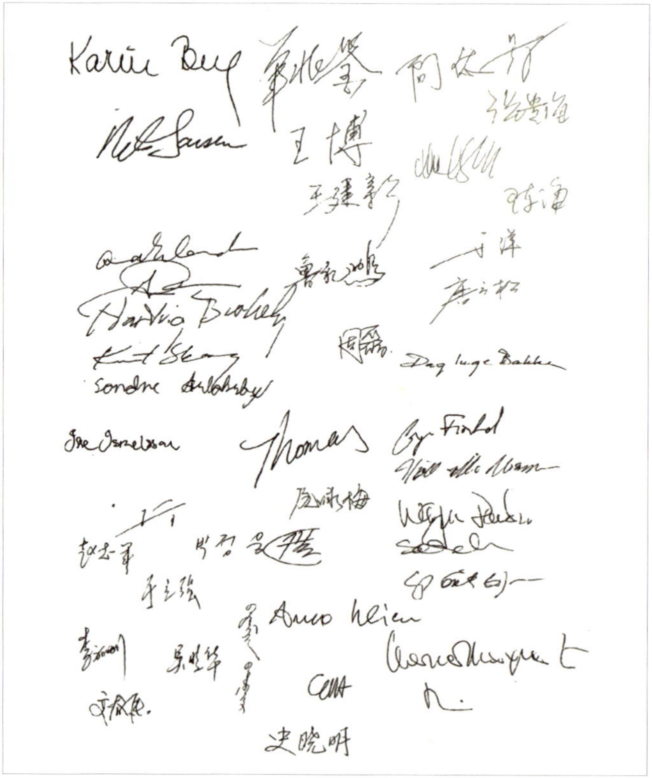

专家签字

古老滑雪比赛：昔日滑雪狩猎的再现

随着时代的变迁，如今的生活日新月异，但传统与现代却仍旧可以共处，在碰撞中相互交融。

现代滑雪快速普及发展，阿勒泰地区却依旧保留着毛皮滑雪的古老传统。这种用松木及马毛皮自制的古老的毛皮滑雪板，既能越野滑雪，又能进行高山滑雪，非常实用。

近 2000 年来，虽然中外史籍中关于滑雪板及古老滑雪活动的追记很多，但唯独我国阿勒泰乌梁海、图瓦等蒙古族牧民和哈萨克族人，仍然完整地保存和继承着制作古老毛皮滑雪板及进行古老滑雪活动的传统，坚持着、弘扬着。

一直到今天，使用毛皮滑雪板的古老滑雪比赛还在延续。

从 2006 年起，每年阿勒泰都要举行古老毛皮滑雪板比赛。经过挑选的各市县百余名农牧民参加角逐，影响和吸引着当地的青少年。他们用当地手工制作的阿勒泰古老毛皮滑雪板参加滑雪比赛，也使得毛皮滑

雪这项古老的滑雪技艺得到传承，并逐渐发展成为一项具有国际时尚力的活动。

当前，阿勒泰市的古老滑雪比赛分为拖拉“雪橇”接力赛和个人赛两个竞赛项目；另在喀纳斯－禾木的比赛项目是滑雪与射箭相结合，被称为古老的“冬季两项”。运动员由当地农牧民组成，选手们脚踏毛皮滑雪板、手持单木杆滑雪杖及摆放在射箭场上的弓箭，在皑

古老毛皮滑雪板比赛之一

皑皑白雪上激烈角逐。

2016 年 1 月 16 日，在阿勒泰将军山滑雪场服务中心内，在大战一触即发之前，各支滑雪“战队”都在有序地整理着各自的服装、队旗和毛皮滑雪板。虽然当天的古老滑雪比赛只是中国阿勒泰国际冰雪游活动开幕式的一项，但每位队员的态度不输于以往任何一次比赛。

巴图里扎习惯性地紧了紧腰带，并且还不忘扶一扶

古老毛皮滑雪板比赛之二

头上的滑雪帽。他接过一位大妈送来的奶茶便一饮而尽，随后便号召队员检查雪具，准备出发！

巴图里扎昔日的队友达林卡谢绝了大妈的奶茶。他曾经是滑雪队中的一员猛将，在各级古老滑雪比赛中获得过金牌，但是，近年因为体重猛增，他的古老滑雪比赛生涯画上了句号。他颇有自知之明，声称“不能给滑雪队拖后腿，甘心为滑雪队服务”。

这就是阿勒泰的古老滑雪比赛，从两位古老滑雪比赛队员的言行中，我们可以看出，无论规模如何、奖额多少，只要参与到古老滑雪比赛中，参赛的队员都在奋力地你追我赶。

古老滑雪比赛的存在，不仅仅是为了纪念，更是为了传承。

2016 年新年第一天，在新疆喀纳斯景区禾木喀纳斯蒙古族乡举行的第 9 届冰雪风情节上，举办了一场别开生面的儿童组古老滑雪比赛。在这群不满 10 岁的儿童中，6 岁的蒙古族图瓦人阿尤娜是唯一的女孩，格外引人注目。引起人们关注的，还有阿尤娜的父亲玛力琴，他曾多次拿到毛皮滑雪比赛的冠军，既是女儿心中的偶像，也是阿勒泰古老滑雪文化的骄傲。

14 岁的吾尔英·木拉提是阿勒泰地区第一高级中学的学生，在父亲的影响下，已经进行了两年的古老滑雪练习。在 2016 年阿勒泰市举办的古老滑雪比赛中，他取得了第九名的成绩。①

但是，传承不等于一成不变地固守。吾尔英也曾参加过两次现代全国高山滑雪比赛。5 年前，在第一次参赛时，他还被吉林省体育局的伯乐看中。当时，囿于年纪太小，父亲没有同意他前往。将来他选择何去何从，虽然无从得知，但可以期待的是，融合古老滑雪和现代滑雪的他，未来的发展会充满希望。

每天 10 点钟左右，吾尔英一行人会在丝绸之路国际度假区进行练习。每次，他们都会排成整齐的队形从

① 《古老滑雪展示新疆冰雪传承》，新疆日报，2016-02-01

山上滑下来，每天往返20多次。小小年纪之所以能够耐得住辛苦，是因为吾尔英等人心中目标明确——既要在北京冬奥会上为国争光，又要以古老滑雪传承人的身份向世界展示古老滑雪运动。

美国古老滑雪文化研究专家尼尔·拉尔森曾经如是说：“世界其他地方也会有山有雪，但是没有一个地方像阿勒泰这样有历史渊源，可以运用古老滑雪起源地这一品牌促进现代滑雪，古老滑雪和现代滑雪相结合，这会使滑雪爱好者们非常感兴趣，因为这在世界上是独一无二的。”①

2016年11月25日，中国西部冰雪节暨第11届中国新疆冬季旅游产业交易博览会在新疆国际会展中心开幕。在开幕式上，新疆古老滑雪队正式成立。新疆古老滑雪队由来自新疆阿勒泰地区的滑雪爱好者组成，滑雪队队员已达20余人。

传统是现代的前身，而未来只有立足于传统和现代才能迸发出更美的光彩。当现代滑雪日益普及，古老滑雪也从台后走到了台前，在为全世界人民展现中国悠久滑雪历史的底蕴以及展现滑雪运动的魅力方面，发挥越来越重要的作用。

---

①《阿勒泰是世界上最古老的滑雪地域得到国际公认》，新疆天山网，2015-01-20

图瓦牧民的未来滑雪梦

谈及滑雪的摇篮阿勒泰，恐怕离不开当地各族牧民世代的贡献。

作为阿勒泰被确定为世界滑雪起源地最具说服力的证据，描绘在阿勒泰市汗德尕特乡敦德布拉克岩棚顶部的岩画——几个脚踏雪板、手持木杖滑雪的人的图像，与今天阿勒泰农牧民的滑雪姿态有惊人的相似处。而当代在阿勒泰流传下来的古老毛皮滑雪板，为人们最大限度地还原了人类早期的滑雪情景。

图瓦人是自古以来擅长古老滑雪的族群。现在，图瓦人在阿勒泰的居住区共有 6 处，主要分布在新疆喀纳斯风景区附近，共有 3 个村落，即喀纳斯村、禾木村及白哈巴村，人口不到 2000 人。他们对外交流使用哈萨克语，对内使用图瓦语——世界上极为罕见的稀有语种。①

---

①《不解的图瓦人之谜》，《科学大观园》2010 年第 22 期

作为一个渐渐被人们遗忘的游牧民族，图瓦牧民与滑雪有着不解之缘。也因为现代滑雪运动的兴起，图瓦牧民再次走上历史舞台。

数百年前，在新疆喀纳斯地区每年长达7个月的冬季里，图瓦牧民脚踏古老毛皮滑雪板，身背自制的弓箭，在高高的阿尔泰山上追逐猎物。最近的20年来，在实施禁猎的情况下，图瓦牧民并没有将毛皮滑雪板束之高阁，而是将之用作日常交通工具和比赛器材。

图瓦牧民与滑雪有着割舍不断的关联。当地老人能够回忆起20年前的情景：每当早晨拉开木屋的门时，迎面而来的往往就是一堵雪墙。此时，为了给孩子踏出一条上学的路，男主人往往会先铲出一条通向马厩的路，然后与马一起继续开路。当每家都踏出一条雪道时，各条雪道汇聚成一条大雪道直通学校。

自从2008年以来，图瓦牧民接连在当地举办的古老毛皮滑雪板比赛中取得优异成绩，而且在新疆甚至亚洲滑雪比赛中多次获得冠军。滑雪成为图瓦牧民新的精神寄托。

2011年12月30日，33岁的图瓦牧民玛力琴在喀纳斯第5届冰雪节暨第4届“禾木杯”古老滑雪狩猎邀请赛中蝉联冠军。至此，他在三年时间里，已经获得了11次滑雪冠军，其中包括由亚洲登山滑雪联盟和中国登山协会共同主办的2011年亚洲登山滑雪大会极限组冠军。

在滑雪冠军之外，玛力琴原是禾木村有名的木匠，从木头房子到毛皮滑雪板、弓箭，以及木碗、木头玩具，只要是用木头能做的他都会做。在他的家族中，每一代都出现过出色的猎人。

然而，与许多冠军一样，玛力琴的滑雪冠军之路走得并不平坦。2008 年，当地首次派出牧民前往阿勒泰市参加第 3 届古老毛皮滑雪板比赛，在 9 支代表队 80 名运动员中，玛力琴的成绩是第十八名。谈及当时失利的原因，玛力琴表现得很坦诚：“那时候我们就像刚从山里出来的马，没有训练过，胖胖的，跑不动。”[①]

教训就是鞭策。自此之后，玛力琴开始加强训练，立志成为一匹冠军“赛马”，以每天至少跑 5 千米的强度进行训练。付出后的回报来得还算及时，一年后的 2009 年 1 月，在来自阿勒泰地区 5 支代表队 50 名运动员参赛的首届“禾木杯”古老滑雪狩猎邀请赛中，玛力琴获得人生的第一个滑雪冠军。2010 年 1 月，玛力琴又在阿勒泰古老毛皮滑雪板比赛中蝉联冠军。

每次荣获滑雪冠军，玛力琴都会获得一副现代雪板作为奖品。从玛力琴获得的单板、高山板和越野板就可以看出，他是滑雪冠军领奖台上的常客。每次比赛之后，玛力琴都会约上村里的图瓦青年一起上山，使用古老毛皮滑雪板和现代雪板进行滑雪技巧练习。1998 年出生的新秀苏克，既传承着毛皮滑雪板的技艺，又坚持着现代单板滑雪的练习，每年都有长进。

为了推出更多位玛力琴式的滑雪冠军，当地禾木喀纳斯蒙古族乡不断挖掘图瓦牧民的滑雪潜质，推动着图瓦牧民不断实现着滑雪梦。

---

①《走进阿勒泰的古老记忆》，《中国国家旅游》，2013：130 ~ 139

2010 年 1 月，在牧民前往乌鲁木齐丝绸之路国际度假区进行滑雪学习期间，禾木喀纳斯蒙古族乡得知新疆登山滑雪比赛即将在 1 月 31 日进行的消息，派出玛力琴和另一位图瓦牧民胡恩台参加。结果，两位图瓦牧民轻松包揽冠亚军。

从此，图瓦牧民借由滑雪比赛打开了一扇通往外界更高规格比赛的大门。2011 年 3 月 10 日，在由亚洲登山滑雪联盟和中国登山协会共同主办的亚洲登山滑雪比赛上，在来自亚洲各国的 48 名选手中，玛力琴和另一位图瓦牧民托合达再次包揽冠亚军。

图瓦牧民与滑雪有着不解之缘。2013 年春节前，美国职业滑雪教练尼尔·拉尔森，为了研究滑雪历史，再次来到喀纳斯的阿夏布拉克村，住在图瓦猎人巴彦家中。几年前，他曾经与巴彦的两个儿子巴提和巴特一起踩着毛皮滑雪板上山。尼尔·拉尔森至今还记得，当年 17 岁的巴提第一次穿上现代雪板，就朝山下飞速滑了下去，毫无生疏之感。而 15 岁的巴特起初略显羞涩，稍稍学习后，也穿着滑雪板猛冲下山。此后，图瓦牧民的滑雪“天赋”深植其脑海。

在 2016 年十三冬闭幕式上，图瓦牧民表演古老的毛皮滑雪，成为表演中的亮点。而随着中国滑雪运动的崛起，随着阿勒泰古老毛皮滑雪板文化不断在海内外传播，图瓦牧民的滑雪梦也将不再是梦。

当滑雪成为生活方式

滑雪，不单是一项运动，还是一种生活态度和生活方式，一种健康、时尚的生活方式。

从最早被先民们视为为适应环境及求生避险而发明的行走方式，用以狩猎、运输等，到 14—16 世纪被北欧诸国作为作战行动方式，到后来变成竞技运动，再到现在成为一种日常运动，滑雪日益走进普通人的生活。甚至有些人将滑雪视为生活中必不可少的一部分。

黑龙江亚布力滑雪场和北京南山滑雪场的创建人卢建就是不折不扣的“滑雪迷”，对滑雪有着深深的热爱：“滑雪是一项碰不得的运动，你滑了第一次，你这辈子都戒不掉。到冬天不滑雪，那个难受啊！你不能看见下雪，好像猫不能看见鱼……”[①]

他是武汉大学经济学博士，曾在政府经济部门任职。1994 年，他在瑞士威尔雪场发现滑雪的魅力，从

---

① 贾丽娟：《滑雪就是一种生活方式》，财经时报，2007-11-24

卢建滑雪

此一发不可收拾。1995 年，他参与创建中国第一个大型的大众滑雪场——亚布力滑雪场，为推动中国滑雪运动做出了自己的贡献。

人生被滑雪改变的不止卢建一人，还有主演过电影《阳光灿烂的日子》的知名演员夏雨。有人可能知道他是一名演员，而且还是史上最年轻的国际影帝（第 51 届威尼斯电影节最佳男演员），却不知道他还曾荣获国外滑雪桂冠，因此还受邀在索契冬奥会做滑雪解说嘉宾。

夏雨的人生从极限运动开始转变。自幼瘦小的他，因为滑板运动而拥有了健硕体格，也获得了自信，并获得出演改变他人生的影片《阳光灿烂的日子》的机会。后来他爱上滑雪，也是顺理成章的事情。2006 年受邀去瑞士铁力士山业余滑雪比赛做嘉宾时，夏雨一时兴起参与了比赛并拿了冠军。滑雪的爱好一直伴他至今。

大众滑雪者在滑雪健身

每年，他都会抽出时间前往雪场，滑雪已成为他生活中的一部分。谈及滑雪，他的感触颇深："滑雪能够沉静人的心灵，让人在大自然中体会自然、生命的美丽。没有一个地方的风景是一样的。"[①]

---

①《看完这个，你会爱上滑雪》，搜狐时尚，2017-01-17

作为一项户外运动，滑雪运动最大的魅力，可能就在于让人们在强身健体的同时，能够从中体验回归自然的感觉。

每到冬季，往往是抑郁症高发的危险时期。资料表明，一些体质比较差，或者极少参加体育锻炼的脑力劳动者，还有一些平时对寒冷敏感的人，更容易患上“冬季抑郁症”。众所周知，消除抑郁、改变情绪低落的最佳途径就是运动，而在众多运动方式中，滑雪无疑又是最佳选择。

诚然，与跑步、足球、篮球等运动相比，滑雪具有一定的门槛，但因其特有的时尚性、自然性和社交性，滑雪也有着不可抵挡的特殊魅力。一些尝试通过滑雪来缓解抑郁的人，无一例外都表达了滑雪之后的美好感受，那种卸下心理包袱，尤其是快速下滑时的轻松感，用再优美的语言也难以准确形容。

一位 39 岁的金融公司创始人，也是一位“雪龄”4 年的滑雪者。他在接触滑雪之前，因为工作繁忙，身体和精神一直处于高速运转状态，导致身心俱疲。他当初在朋友的建议下接触滑雪的目的纯粹就是为了锻炼身体，却没料到自己却爱上了滑雪。

第一次的滑雪经历就足以让他终生难忘。当时，初生牛犊不怕虎的他，虽然没有滑雪经验，却盲目地拿着双板上了中级道。结果可想而知，因为没有任何技术，他以连滚带爬之势滚了下来。值得庆幸的是，在半坡中，他遇到了一位好心的“雪友”。这位“雪友”在下面撑着他踉踉跄跄地滑了下来，让他第一次的滑雪有了“飞”的感觉。

从此，他迷恋上这种“飞”的感觉。每次当他穿上雪板蹒跚走进滑雪场，到飞流直下般地飞翔，他都能够体验到一种前所未有的成就感。

滑雪不仅能够释放压力，还有利于减肥。据测试，一位正常速度的滑雪者，在滑雪一小时后，可以消耗734卡的热量，相当于在一小时内跑9.5千米消耗的热量。

除此之外，滑雪对身体各个器官也能够起到锻炼的作用：在滑雪场的冷空气中进行运动，其实也是对身体氧气运输系统的考验，无形之中，也锻炼了心血管缩张的能力；滑雪运动需要在重心的切换中找到平衡点，是对神经系统进行全方位的锻炼和提高；滑雪运动量大、速度快，能够增强肺活量，使腿部肌肉得到充分锻炼。

随着滑雪运动的普及，越来越多的人开始涉足滑雪运动，在锻炼身体的同时，也在过程中得到了精神满足。

长久生活在车水马龙的喧嚣城市之中，面对着日益沉重的生活压力和激烈的竞争压力，以及越来越快的生活节奏，人们的心情不免灰暗起来，色彩视觉不断退化。而滑雪则提供了一种与往日截然不同的回归自然的体验，让你的身心得到净化。

融入那片银白色，在运动中体味山野的壮观与纯净，在高速滑行中聆听呼啸的风声，释放内心压抑已久的情绪，原本灰暗的心会因为白色的雪和蓝色的天，以及艳丽的滑雪服和周围人的笑脸，而变得明亮起来。有没有发现，凡是会滑雪的人，都拥有一份常人所不及的自信。当你同从未滑过雪的朋友讲述自己的滑雪经历和感受时，周围往往投过来羡慕的眼光和由衷的赞叹。

在全民运动开展得如火如荼的今天，走出温室，在大自然中搏击飞雪，战胜自己的顾虑，你将会在滑雪的过程中体验到驾驭自己、驾驭人生的无上乐趣。人生和生活将由此变得更加从容不迫。

现今 80 岁的中国滑雪老人单兆鉴，一生与雪为伴，与雪有着割舍不断的情缘。他具有 66 年的滑雪经历，是中国第一代滑雪运动员，全国第一位滑雪冠军。他还做过中国滑雪运动的管理者，撰写多部滑雪专著，发表数十篇论文，特别是经过 13 年的艰苦考证，确认了“中国阿勒泰是人类滑雪最早起源地”，现仍活跃在滑雪多项领域，发挥着作用，而且坚持滑雪。他通过一生对滑雪文化的感悟，总结出《滑雪终身受益歌》。

滑雪终身受益歌

少儿滑雪，滑出人生矫健的起步，茁壮成长。
青年滑雪，滑出心旷神怡，其乐无穷。
壮年滑雪，滑出精力充沛，一身轻松。
老年滑雪，滑出暮年情趣，延年益寿。
家庭滑雪，滑出情感融融，梦圆“小康”。
团队滑雪，滑出广阔心胸，向着新时代扬帆起航。
大众滑雪，滑出全民健康，“体育强——则中国强”！

从娃娃抓起

在洁白的雪道上，一群穿着厚厚滑雪服、戴着头盔的小朋友，在滑雪教练的保驾护航下，一次次从雪道上滑下来，仿佛是天地间跳动的音符，如同雪地上腾跃的精灵，体验着冰雪运动带来的无限快乐。

当孩子们在雪地上自由地飞驰时，锻炼的是身体，释放的是心情！

滑雪运动在中国的普及与发展，是近几十年的事情，而儿童滑雪，在中国只是近几年才被年轻父母所了解和接受。尤其在北京申办冬奥会成功之后，滑雪从娃娃抓起，具有划时代的意义。推动大众冰雪运动的一大核心是动员青少年广泛参与，尤其是冰雪进校园，可以直接培养学生的冰雪情结，进而带动整个家庭和社会的广泛参与。

2015 年 7 月 31 日，在吉隆坡举办的国际奥委会第 128 次全会上，国务院副总理刘延东代表中国政府做陈述时说，2022 年冬奥会如果在北京举办，将带动 3 亿中国人特别是青少年以各种方式参与冰雪运动，推动冬季运动在中国这个世界上人口最多的国家开展。中国将有力传播积极、健康的生活方式，增强公众体质，建设健康中国，更好地实现人民追求美好生活的梦想。①

随着北京申办冬奥会成功，带动3亿中国人特别是青少年以各种方式参与冰雪运动，成为当务之急。我国有2.7亿青少年，抓住了这一群体，实现3亿中国人上冰雪，促进世界冰雪运动大发展就不仅仅是个梦想。

尽管中国运动员已经多次在冬季奥运会取得优异的成绩，但在各国冰雪人眼里，冰雪人口匮乏无疑是北京举办冬奥会最大的短板。实际情况是，冰雪项目在青少年中的普及的确令人担忧。

在北京获得2022年冬奥会举办权后，媒体随机采访了北京近30名中小学生，绝大多数人都没有接触过冰雪运动，所有人都没有上过冰雪课，对于冰雪知识也是知之甚少。

究其原因，在此之前，我国侧重于竞技，冰雪运动开展有局限。在全国都致力于推动大众层面的冰雪运动之际，借助举办北京冬奥会的契机，以及国家发展体育产业的趋势，我国迎来推动冰雪运动的最好时机。

其实，为了增加冰雪人口，让更多人喜爱冰雪运动，早在20世纪90年代，黑龙江省就开展了“百万青少年上冰雪运动”，国家体育总局提出了“北冰南展西扩”的设想，制订了“冰雪体育长廊计划”和“冰雪阳光计划”，吸引了数以百万计的青少年参与到冰雪活

---

①《北京2022申冬奥代表团向国际奥委会做候选城市正式陈述》，人民网，2015-08-01

动中，将青少年冰雪活动向更广泛的地区推广。

现在，为助力北京举办冬奥会，各地开始举全社会之力破解上冰雪难题，青少年更是成为冰雪运动的主体。据悉，黑龙江省的哈尔滨、牡丹江、伊春、七台河、大庆已将冰雪项目纳入中考。北京市也已创建52所市级冰雪运动特色学校。

2016年11月2日，由国家体育总局、国家发改委、教育部、国家旅游局等4部委联合研究制定的《冰雪运动发展规划（2016—2025年）》发布。根据此规划，在大力普及冰雪运动方面，有条件的北方地区的中小学应将冰雪运动项目列入冬季体育课教学内容，鼓励南方地区城市中小学积极与冰雪场馆或冰雪运动俱乐部建立合作，开设冰雪体育课程。到2020年，全国中小学校园冰雪运动特色学校达到2000所，2025年达到5000所，到2020年完成5000名校园冰雪运动项目专项或兼职教师的培训。①

在推动青少年滑雪上，黑龙江省是一个典范。为提高青少年身体素质，促进全面发展，黑龙江省教育厅规定各级中小学每学期应该上满5周的冰雪教学课，同时，还将冰雪项目纳入体育中考之中。在这一举措的推动下，家长的积极性被有效激发出来。现在，请教练教孩子学滑雪，陪孩子一起玩冰雪，成为黑龙江省一道亮丽的风景线。

2017年初，黑龙江省滑雪协会“冰雪宝贝”青少

---

①《上海中小学生要学会滑冰和滑雪？ 2025年中国冰雪产业总规模达万亿元》，上海观察，2016-11-03

年单板滑雪比赛——Conqueror Crew 冠军挑战赛成功举办，暨“2016—2017 年度冠军与你共翱翔系列活动”正式开启。这次活动也吸引了来自美国、新西兰及我国香港、新疆、北京等多个地域的 124 名参与“冰雪宝贝青少年滑雪体验季”的选手参加。

走在全国青少年冰雪运动前列的还有北京。2016 年 3 月 7 日上午，北京市正式发布《北京市人民政府关于加快冰雪运动发展的意见（2016—2022 年）》及 7 项配套规划。这是全国首次以地方政府名义出台的冰雪运动发展规划，首次明确了冰雪工作的 7 项核心任务，青少年冰雪即是其中之一。

在政策的推动下，北京青少年滑雪运动开展得如火如荼。2017 年 1 月 23 日，2016—2017 年北京市青少年滑雪比赛在密云南山滑雪场开赛。因为限定了报名人数，此次比赛参赛名额有限，甚至有家长想要“走后门”报名。尽管如此，这次比赛仍然成为了北京市参赛人数最多、规模最大的青少年滑雪比赛。北京市青少年的滑雪热情可见一斑。

其中大部分参赛的小选手都是不折不扣的“雪二代”。获得高山滑雪女子小学低龄组比赛第三名的鹿奕，年仅 7 岁，在 4 岁时就开始跟随母亲学习滑雪。获得双板男子初中组比赛第二名的王炳森，也是在 4 岁时跟着母亲学习滑雪。滑雪让他认识了更多朋友，也得到了更多快乐——滑雪是学习疲乏时的最佳放松方式。热爱滑雪的他，为自己定下了“参加 2022 年北京冬奥会”的目标。

北京市教委相关负责人表示，北京市将继续努力推进冰雪运动进课堂，力争让广大学生都能够体验、享受冰雪运动的乐趣和魅力。

少年强则中国强。在北欧国家挪威有句俗语，就是“挪威人是脚上穿着滑雪板出生的”。虽然人口只有500多万，但挪威一直都是冬季运动强国。在冬季奥运会历史上，挪威共获得329块奖牌，居世界首位。当中的奖牌大户越野滑雪项目是挪威的传统优势项目，这得益于滑雪运动在该国广泛的群众基础，尤其是在青少年群体中。

在挪威，滑雪是“从娃娃抓起”的国民运动，三岁开始学习滑雪并不罕见。在小学中，滑雪是必修课，学校也有法定的滑雪假日。公园中，随处可见在父母陪伴下踩着滑雪板的孩子，甚至还有坐在雪橇中的婴儿。每年冬天，在挪威首都奥斯陆的霍尔门科伦滑雪跳台，会举行50多场滑雪比赛，共有6000多名孩子参加。

在模式丰富的滑雪运动中，孩子们不仅亲近了自然、享受了美妙的户外生活，身体素质也越来越棒，得到德、智、体的全面发展。

价值万亿的冰雪生意

任何产业的发展，既离不开用户需求的激增和政策的助推，也离不开资本的支持。在三者联合作用之下，中国已迎来冰雪产业的黄金 20 年。

在北京、张家口成功获得 2022 年冬奥会主办权后，中国冰雪运动迎来巨大的发展契机。再加上最近几年，《体育发展“十三五”规划》《冰雪运动发展规划（2016—2025 年）》《全国冰雪场地设施建设规划（2016—2022 年）》等系列文件，从政策层面、保障措施等方面予以明确，为全国冰雪热再添一把火。冰雪这个“冷资源”逐渐变身为热产业。

据相关数据显示，冬奥会将带动中国 3 亿人参与冰雪运动，到 2020 年我国冰雪产业市场规模将达到 6000 亿元，2025 年将超过万亿元。①

---

①《滑雪产业目标：2025 年市场总规模达 1 万亿元》，界面新闻，2017-02-23

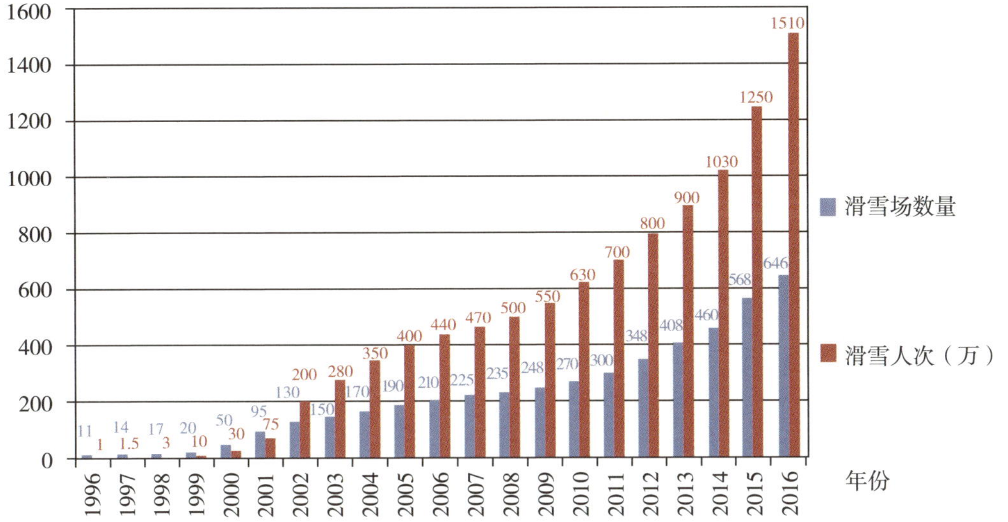

滑雪场及滑雪人次急速上升

毫无疑问，这是一个雄心勃勃的目标，但就目前的发展趋势来看，完全可以实现。

用户基数是产业发展的蓄水池。微信之所以成为备受追捧的商业平台，就是缘于其海量的用户数量。近年来，随着人们生活水平的提高和生活方式的转变，我国滑雪人口在急速增加。根据蓝皮书数据显示，2016 年，中国全部滑雪人次为 1510 万，参与滑雪的人数为 1133 万。要知道 20 年前，全国只有 9 个滑雪场，经常滑雪的人数不到 1000 人。

阿勒泰的朝阳从雪原线上冉冉上升

与此同时，滑雪相关设施的数据都在上升。2016年，中国共有 646 家滑雪场，比 2015 年增加了 78 家；有 226 条架空索道，比 2015 年增加了 198 条；有 5180 台造雪机，比 2015 年增加了 4000 台。

冰雪产业的产业链很长，从装备、场地、赛事、培训到娱乐、旅游等。抛开以上宏大的数据，我们来看每增加一位滑雪顾客，会带来多少潜在的商业机会。

越来越多的中国人开始涌向滑雪场，滑雪场上穿羽绒服滑雪的人少了起来；为了安全，戴护具的雪友多了起来。

仅滑雪器具以及头盔、眼镜、帽子、手套等一套滑雪装备的市场规模和前景，就不容小视。一套入门级装备的价格也要千元以上，如果选择中级品牌，仅一套滑雪服的价格就要在 3000 ~ 5000 元，而高档滑雪服的价格要数万元。

除了一些室内滑雪场，滑雪场往往位于距离市区较远的地方，由此为交通和住宿也带来了市场空间。以北京去崇礼滑雪为例，包括高速路费、汽车油费、滑雪门票和经济酒店住宿费在内，每次的滑雪费用在 500 元以上。如果你是滑雪发烧友，付出的成本可能会更高些，因为滑雪门票的价格“节节攀高”。各类滑雪卡的销售量年年上升，以崇礼某家滑雪场 2015—2016 年雪季为例，全季卡的价格为 12800 元。

除装备、场地之外，滑雪培训市场也是潜力极大的。因为滑雪是一项对技巧和安全都有要求的运动，凡是参与滑雪运动，大多都要请滑雪教练。随着滑雪爱好者的增加，滑雪教练的缺口也越发明显。根据目前的市场价格，请一位滑雪教练每小时的费用是 200 ~ 300 元。每到节假日和周末，滑雪教练的预约都会爆满。

与成人滑雪教练市场相比，儿童和青少年滑雪教练市场更是火爆。2008 年万龙滑雪学校首开儿童滑雪冬令营时，可谓惨淡经营：在整个雪季，只开设了两期课程，而且每期学员不足 20 人。2014 年时，情况发生逆转：一个雪季需要开设 8 期课程，每期课程的学员达 200 多人！

与滑雪有关的“生意”都变得火爆起来，交易规模也直线上升。就滑雪产业的线上交易规模来说，蓝皮书给出的数据是，滑雪票、滑雪教学、冬令营、酒店等的线上交易总值达 2730 万元，是 2015 年的 5 倍多。

滑雪市场的“春江水暖”，资本是最早感知者之一。近年来，资本投入冰雪产业的热情也是急剧升温。

2012 年，大连万达集团投资 200 亿元建造万达长白山国际度假区。这一滑雪场以滑雪、旅游度假模式修建了包括 43 条总长达到 4 万米的滑雪道，还有包括凯悦、喜来登和威斯汀在内的多所豪华酒店。

2016 年万科集团合并了万科松花湖与桥山北大壶两个滑雪度假区，并成立了吉林万山雪业投资咨询有限公司的合资公司，实施联营，打造了国内雪场最新的联合体。

在中国冰雪产业发展的大潮中，一批中国冰雪企业得以迅猛发展。北京卡宾滑雪集团脱颖而出。该公司是国内早期从事滑雪产业一站式服务的综合化企业集团，集团下分设 6 家公司，涵盖滑雪场规划设计、滑雪设备器材销售租赁、滑雪场经营管理、冰雪民族产品研发生产、冰雪旅游项目投资以及进出口贸易等业务。业务覆盖国内所有滑雪区域，为数百家滑雪场提供服务，并建立起战略合作关系。国外的业务已扩展到亚洲、欧洲等区域，并与 10 余家境外企业建立起业务联系。北京卡宾滑雪集团已挂牌上市，成为“中国滑雪产业第一股”。2017 年 6 月，公司董事长张鸿俊荣幸地跟随李克强总理访欧，探讨中国滑雪产业项目走出去、引进来的大计。集团高管的目标是“努力成为国内领先、国际化、可持续发展的现代化企业集团”。

除了传统的冰雪生意，2015 年也成为“互联网 + 滑雪”创业的元年，一批打着“互联网 + 滑雪”概念的创业项目涌出，GoSKI 去滑雪、滑呗、滑雪助手、雪橙等滑雪 O2O 产品陆续上市，并迅速在参与力度和竞争方面摆开阵势。

在中国资本之外，外国资本也闻讯而来。2017 年 2 月 15 日，已持续举办了 47 年的全球体育用品及运动时装行业最大的综合博览会 ISPO 在北京开设分展。

此次，参展的冰雪领域厂商数量增加到了 70 家，占到整个参展商数量的 20% 。同时，参展商涉及的滑雪产业链日趋完整，不仅有滑雪服和滑雪用具，还有雪道、缆车、雪道养护设备、雪地车以及造雪技术等全部与滑雪相关产业。

对于中国市场，外国资本向来青睐。也许，它们由自己国家的冰雪产业发展历程看到了中国市场的潜力。2015 年，中国滑雪市场产值约 120 亿元，滑雪总人次为 1250 万，滑雪人口仅占总人口的 0.9%，参与人次仅相当于美国 20 世纪 70 年代初的水平。①

在冰雪产业发展之路上，中国开始快马加鞭，前景十分可期。

---

①《冬奥筹备元年解读中国滑雪产业的三大变化》，新浪体育，2016-03-29

附录

单兆鉴荣获世界滑雪研究最高奖项

INTERNATIONAL SKIING HISTORY ASSOCIATION

2017 ISHA Awards

For Outstanding Creative Works of Ski History

Lifetime Achievement Award

Ski Culture and History

Shan Zhaojian

Squaw Valley, California

March 23, 2018

国际滑雪历史协会授予单兆鉴“滑雪历史文化研究终身成就奖”

在本书出版之前，国际滑雪历史协会（ISHA）于2018年3月23日在美国向本书主编，中国滑雪历史、文化研究专家单兆鉴先生颁发了世界滑雪历史文化研究最高奖项——“终身成就奖”，并授予单兆鉴先生“中国现代滑雪之父”的荣誉称号。

ISHA在颁奖前发布的颁奖公告中写道：“中国领先的滑雪史学家单兆鉴先生被我们誉为是中国现代滑雪之父，在晚宴上将被授予终身成就奖；他领导了一场长期的滑雪考察研究革命，让世界认识到，与蒙古国、哈萨克斯坦和俄罗斯接壤的偏远的中国阿尔泰山脉地区，是世界滑雪的发源地（超过1万年）。”

单兆鉴先生在获奖感言中说道：“虽然研究的过程是漫长的、广泛的、综合的、艰苦的，然而也是伟大的！……我要继续不懈地努力，成为世界滑雪文化领域中永不退役的老兵！”

后记

阿勒泰能为北京冬奥会做些什么？北京冬奥会将给阿勒泰和我们带来什么？这是值得思考的问题。

距离 2022 年北京冬奥会举办还有不到 4 年的时间，但“冬奥效应”已经在中国开始显现。势头之猛，前所未有。

冬奥会举办权的获得，是国内冰雪运动里程碑式的事件，“三亿人参与冰雪运动”的愿景，将拉动更多人参与到冰雪运动中来。形势之好，前所未有。

在中央提出京津冀协同发展这一重大区域经济发展战略之际，冬奥会的举办，还将对推进京津冀地区经济社会协同发展，综合治理华北地区大气污染、改善生态环境有着重要意义。功效之大，万众仰慕。

阿勒泰——人类滑雪的摇篮，与 2022 年北京联手张家口举办的冬奥会紧密相连。这届冬奥会对北京和张家口两个地区的发展影响可想而知，对于新疆阿勒泰也具有至关重要的影响。东西呼应，冰雪彩虹。

阿勒泰开人类滑雪文化的先河，也必将搭上北京冬奥会的快车，随着中国冰雪运动的崛起，被世界所知。

至于北京冬奥会带来的变化，我们充满期望，拭目以待！

Chapter 1

Altay,

Cradle of Human Skiing Culture

Altay Declaration and Beijing Winter Olympics

In the skiing history of China and even the world, there have been two milestone events in recent years.

The first is the successive promulgation of two *Altay Declarations* on the origin of human skiing. On January 16, 2006, the first *Altay* Declaration was read out by Shan Zhaojian, a veteran skier with over 60 years of expertise and technical consultant of the Chinese Ski Association at the seminar of "Altay Region in Xinjiang as the World's Earliest Origin for Skiing" held in Altay. It officially announced that "Altay in Xinjiang, China was the earliest origin of human skiing." After a lapse of 9 years, the second *Altay Declaration* was jointly announced by Mr. Shan Zhaojian, Mr. Nils Larsen, and Ms. Karin Berg, on behalf of China, the United States and Norway respectively, following the Altay International Symposium of 2015. As a token of "full affirmation and support for the professional achievements of Chinese experts and the People's Government of Altay City, it constitutes "a major contribution to the world's skiing culture".

The second is the success of Beijing in winning the bid to host the Winter Olympics. It is also an incident of great significance in the history of world skiing.

At the 128th plenary session of the International Olympic Committee held in Kuala Lumpur, Malaysia on July 31, 2015, the IOC president Bach announced that

Beijing-Zhangjiakou of China was going to host the 24th Winter Olympics Games in 2022.

The qualification of Beijing to host the 2022 Winter Olympics formally announces that China has embarked on the road of strengthening through winter sports.

The two originally unrelated cities of Altay and Beijing are now linked by winter sports.

Located in northeastern Xinjiang, the Altay Mountains (meaning "gold" in Turkic and Mongolian) is an ancient mountain range extending from northwest to southeast and spanning the four countries of China, Mongolia, Russia, and Kazakhstan. The Chinese Altay region is located on the

Ideal Mountain Slopes and Abundant Snow Resources for Skiing in Altay

southwest side of the central section. Actually, the city is named after the Altay Mountains in its territory.

As early as 10,000 years ago, the ancient Altay started skiing activities. The postures of "skiing" figures depicted in rock paintings of 10,000 to 30,000 years ago discovered in Dundebulak valley at Handegate Township, Altay are unimaginably close to those of modern Altay people on ancient ski boards.

In the distant Late Paleolithic period, when ancestors of Altay meticulously depicted on rocky walls their experiences of skiing on ancient skis across the snow for hunting, they could not have foreseen that their "masterpieces" would one day rewrite the history of skiing in the world.

Before the promulgation of the *Altay Declaration,* Chinese experts deduced that Altay ancestors hunting for livelihood had gradually realized and exploited the characteristics and functions of the snow, thus inventing the "snow tread", "snowboard" and other gears. Those devices not only prevented the legs from sinking into the snow, but also made possible easy walking or glides on the snow, facilitating migration, transportation and hunting.

In Shan Zhaojian's view, the germination of skiing in any region must hinge on five basic conditions. First, it must be a region with cold weather. Second, it must be a region with heavy snowfall and long periods of snow accumulation. Third, it must be a region with a stable source of timber (forest) for making "skiing gears." Fourth, it must be a region with enough mountains and ridges, a rich water system and a plethora of animal species to do justice to the speed and other characteristics of skiing. Fifth, it must be a region with early human civilization and where skiing satisfied the requirements for popular livelihood and productive activities. This is a major theoretical issue on the origins of skiing. Its clarification is expected to guarantee the scientific progress of research.

The climatic conditions, the geographical environment and the early human civilization at Altay region have all been the basic conditions for the germination of skiing.

The Altay region is in the northern tip of Xinjiang. The Irtysh River within its boundaries is the only Chinese river to empty into the Arctic Ocean, while the world famous Kanas Lake Natural Scenic Area belongs to the Arctic Ocean system. The Kanas Lake is also universally acknowledged as "untainted sanctuary of mankind" and "unique in China and superb in the world." The rich primitive landforms, rare animal and plant resources, and colorful alpine freshwater lakes have combined to turn Altay into a contemporary tourist resort.

Altay has a long frozen period and heavy snow in winter. The annual snow season lasts for over half a year, from October to May. In some mountainous regions, snowfall starts from September. Meanwhile, Altay boasts readily available sources of timber for manufacturing skis. There region is dominated by mountain peaks and hilly areas, which are blanketed under thick snow in winter. The omnipresent snow-capped mountains and the rich variety of wild beasts are favorable conditions for it to become ski mecca.

Altay Declaration Being Reviewed by Experts

So far, the Mongolian and Kazak herdsmen in the Altay region are still using fur and wooden boards to make skis (locally called "fur snowboards"), for gliding over thick snow unhampered. Virtually all men over 40 are proficient with the traditional craft.

On January 16, 2006, Shan Zhaojian released the *Altay Declaration*, together with Wang Bo, archaeologist at Xinjiang Museum, Wang Jianxin, Professor of Northwest University and other experts. He announced to the world that "The Altay region of Xinjiang, China is the earliest origin of skiing in the world ." Since then, the City of Altay has made January 16th the date for commemorating the earliest origin of human skiing, ushering a focus for the world of skiing.

The success of Beijing's bid to host the Winter Olympics has foreshadowed in Altay back 10,000 years ago. Let's unveil the ancient history of skiing in Altay and write the present and future for the Beijing Winter Olympics, and winter sports.

Appendix:
Altay Declaration of 2006

Altay Declaration

After earnest investigation and research, we as researchers from related disciplines are gathering here in the City of Altay in Xinjiang to solemnly declare to the world that Altay region of Xinjiang, China is the earliest origin of skiing in the world, based on the following grounds:

1. The Altay region has all the natural conditions and human activities required for the germination of skiing.

2. Scholars at home and abroad have pointed out that human skiing first appeared in Altay and and gradually spread to Scandinavia, Alaska and other places.

3. It is found after field trips to the Altay region that skiing images depicted by ancients in caves are a proof of skiing activities started by the ancient Altay around 10,000 years ago.

4. Despite vicissitudes over a prolonged period of time, residents of Altay are still habitually following the ancient practice of skiing on homemade "fur snowboard" with a wooden pole in one hand.

We will conduct in-depth study and research in a wider range of fields to desseminate the theory "Aletay as the earliest origin of skiing in the world", and seek universal recognition both at home and abroad.

We are pleased to see the efforts and achievements made by the People's Government of Altay in protecting related literature and ancient ski traditions. The Chinese Ski Association set great store by those efforts and vigorously support them.

We sincerely welcome all interested colleagues and friends from all over the world to visit Altay for inspection.

In order to better acquaint the world with the fact of Altay being the earliest origin of skiing in the world and in order to promote the ancient, brilliant skiing culture of Altay to go down from generation to generation, we propose:

1. Starting from 2006, January 16th be made the day for commemorating the earliest origin of snow in the world.

2. A world museum of skiing origin be built in Altay City.

3. A traditional ski competition in Altay be held on January 16 each year, for inheriting the tradition of "fur snowboarding".

Shan Zhaojian, Wang Bo, Lü Enguo, Wang Jianxin, Liu Yongnian, Lu Lipeng, Liu Guofang, Zheng Jie

January 16, 2006

Shan Zhaojian

Born in 1938, graduated from Jilin Sports University in 1961. Since 1954, he has been engaged in skiing for more than 60 years and is the first ski champion in China. Served as Secretary General of the China Ski Association and Director of Skiing Division of the State Sports Commission. He has written several ski monographs, dozens of ski papers and won numerous domestic and international awards. In 1993, he proposed that "the origin of skiing in the world may be in Altay, China". It was the initiator and organizer of the project's research and ultimately succeeded. In 2018, the International Ski History Association honored him the "World Ski Research Lifetime Achievement Award".

Wang Bo

Born in 1949, his ancestral home is Gansu, China, university degree. Engaged in grassland archaeology in Xinjiang, collaborated with others to publish six books, including *Study of Stone Man in the Silk Road Prairie* and *The Cheltenham Culture*, etc. There are three translations: *Mongolia Deer Stone* and *Saiyima-Turbino Phenomenon*. He has published more than 100 articles. Skiing articles include *The Late Paleolithic Rock Shed Paintings in Dunderek, Altai Mountain, Altai is the Earliest Origin ofHuman Skiing, An Exploration of the Evolution of Ancient Ski Equipment*, etc.

Wang Jianxin

Born in 1953, graduated from the History Department of Northwest University in 1982. Currently is a professor of Cultural Heritage School of Northwest University, chief archaeologist of Institute of Silk Road Studies of Northwest University and director of Silk Road Archaeology Center of Northwest University. In the past twenty years, has mainly devoted to the archeological research of the Silk Road in Xinjiang and Central Asia.

Liu Guofang

Born in 1966, graduated from Chinese Ethnic History major of Northwest University, post-graduate degree, and currently is a researcher of the Xinjiang Academy of Social Sciences. He is mainly engaged in the study of ethnic and local history of Xinjiang. He has co-authored and edited many books and published more than ten papers in the core journals including *the establishment and age of the safeguard city in the western region and the Wusun Chigu City Views in Han Dynasty.*

Liu Yongnian

The first chairman of China Ski Association and the head of the Jilin Provincial Sports Committee. Keen to study the history of ice and snow in China. After retiring in 1994, he was authored by Shan Zhaojian, chief of National Sports Commission ice and snow Department to write the article *The Altay Region is One of the Birthplaces of Human skiing*. This is the first paper on the origin of skiing in China. (Absence of the signature of the Altay Declaration in 2016 due to illness and signed by Shan Zhao.)

Lü Enguo

Born in 1949, native of Henan, university degree, a research li ü brarian of Xinjiang Institute of Cultural Relics and Archaeology. He mainly engaged in archaeological research of Xinjiang prehistoric period, and has published and researched many achievements in the Bronze Age and early Iron Age archaeological research. There are excavation reports such as *Chawuer in Xinjiang* and *Shanshan Yanghai*. The Shanshan subeixi cemetery, the Yanghai cemetery, the Hejinghabuqihan cemetery, the Chawuhu cemetery, and the Heshuoxintala and Tekesiqia fuqihai, and *Problems in the Study of Xinjiang Archaeology*, *The Culture of the Bronze Age in Xinjiang*, *Perforation and Deformation of the Skull*, *View of Shamanism in Xinjiang from the Yanghai Graveyard*, *The Exchange of Painted Pottery Culture in the Yili River Valley and the Fergana Basin*, *Cave Rock Art in the Altai Mountains and Xinjiang Fine Arts Department—Xinjiang Rock Art*.

Lu Lipeng

Born in 1972. He graduated from Archaeology major of the History Department of Northwest University in 1996. He joined the Museum of the Xinjiang Uygur Autonomous Region in July of the same year. He is currently the director and associate researcher of the Department of Archeology of the Xinjiang Museum. He is mainly engaged in the study of the archaeological culture of the Xinjiang Iron Age and the Han and Tang dynasties. Since 1996, he has participated in or presided over the excavations of the ancient tombs of the qiemozhagunluke, the ancient Tombs of Asitana in Turpan, the Bozidun cemetery in Wensu County, the Sigonghe Graveyard in the Fukang City and the Huangshanhe Cemetery. jobs. He has published more than 30 papers including *The Excavation Report of Zhagunluke No. 1 Cemetery* , *The Excavation Report of the Asitana Ancient Tombs in Turpan, Xinjiang Autonomous Region, Excavation Bulletin of the Ancient Tomb of Xinjiang Wensu Bozidun in 2008, The Study of the Tomb Relics Unearthed from Astana Cemetery in Turpan* and *Introduction to the Joint Unearthed Excavators in Xinjiang.*

Zheng Jie

Born in Altay, Xinjiang in 1969, he studied at the Cultural and Museum Studies of Fudan University from 1992 to 1994. He worked at the Altay Cultural Relics Bureau in 1989 and has been engaged in the protection, research and management of cultural relics. He is currently the director of the Altay Regional Heritage Bureau.

"Evidence" in Ancient Petroglyph

The solemn, confident declaration of "Altay as the earliest origin of human skiing" in *Altay Declaration* is by no means groundless. The fact can be demonstrated, and withstand the rigorous historical and intellectual examination and test.

In the distant Paleolithic Age, scenes of Altay ancestors skiing across the snow-covered wilderness and dense jungle hunting for their prey against the whirling mountainous gale have been truthfully recorded in sporadic discourses and silent pictures, to become memorable coordinates on the chart of world history.

Altay is the cradle of human skiing. Many scholars known for ski research are delving deep into literature, in an attempt to validate the fact from multiple angles and dimensions with texts and illustrations.

It is recorded in *The Classic of Regions Within the Seas in Classic of Mountains and Seas* the ancient Chinese geography book that "There is a state called Dingling, whose people have hairy legs under the knees and worthy horses." Dingling refers to the ethnic minorities in Northern China leading a normadic life from the west of Lake Baikal to the vicinity of Altay Mountain. Greek historian Herodotus wrote in his book World History (Vol. 4) that "The people living in the Altay region have goat horns. And they are capable of running acorss the snow at winter time", to describe the scene of local people scurrying in the snow with traditional ski equipment. A map of human skiing history kept in the Winter Sports Museum in Sapporo, Japan also indicates Altay as the origin of skiing. The first chapter of the Soviet ski textbook published in 1989 said in tracing the origin of skiing that "There is no conclusive theory regarding the time when human skiing germinated, but it is generally believed that skiing originated in the vast Altay region to the west of Lake Baikal." The above text and picture records are a reflection of skiing at different stages after germination.

Aside from irrefutable historical records, folk songs orally handed down and silent rock paintings have been joint to support the theory of Altay as the origin of human skiing, together with other elements.

According to Mr. Wang Bo the archaeologist, the rock shelter painting at Dundebulak are located in the valley of upstream Dundebulak River about 4 kilometers northeast of Handegate Township in Altay City. Of the four rock shelters, No. 1 and No. 2 are on the east side of the river valley, while No. 3 and No. 4 are on the west side. The medium-sized rock shelters have been left unattended to natural elements for a long time, and their walls and ceilings are uneven. Corroborated by experts to belong to the late Paleolithic Age, the paintings are believed to be 10,000 to 30,000 years old. They are comprised of coarse lines, believed to have been drawn with hematite. In those vivid works of art, the hunting scenes of the ancient Altay are reproduced. They are similar in style and content to cave paintings of the late Paleolithic found in western Eurasia. Moreover, there was no housing building technology in the late Paleolithic period, cave-dwelling was common in Eurasia to ward off the freezing cold. The fact is a cogent evidence of Altay carving their primitive cultural awareness and awakening in the rock shelter where they made home.

The paintings of No. 1 rock shelter purportedly evidencing the origin of the skiing in Altay was allegedly discovered by three teenagers in the middle of the 20th century. The entrance to rock shelter of 3.5 meters wide, 0.8 meters high, and 1.7 meters deep has its walls and ceiling covered by rock paintings with the theme of hunting. The animals and the third group of figure paintings on the eastern wall are deep brownish red, while the first group of

Painting on Rock Shelter at Dundebulak

hunters painted on the front wall carrying arrows and bows are red. The objects painted are mainly humans, beasts and some special symbols. The figures therein are mostly shown to be hunting with a bow and arrow while gliding over the snow. The animals depicted are primarily bisons and wild horses. The bisons are powerfully built, with two horns on the head, a long tail and short legs. Meanwhile, the wild horses are running or trotting with their manes erected. The symbols carved in the paintings include face lines, short lines, and triple-line patterns.

In 2005, when Shan Zhaojian, the ski technical consultant of China, saw the rock paintings of No. 1 rock shelter, he immediately discovered that a skiing scene had been depicted in the third and fourth groups of paintings, thanks to his long-standing professionalism in ski sports and his rich experience in ski culture research. "On the ceiling of an ancient rocky cave, there are a lot of linear animal images and skiing figures. The image of several figures standing on snowboards and holding a single pole are unmistakably vivid."

The third group is painted on the eastern wall of the rock shelter. Of the 10 figures depicted, six are lined up, each with a powerful torso, thin legs and bent knees. In some figures, the head is round, while in others it is not. It is speculated that the paintings were intended to record collective actions of the hunters. Figures with a head other than round are wearing animal camouflage, such as sheep and deer, to confuse them.

The fourth group of rock paintings is located at the bottom of the main wall. The picture has become obscure, only four figures can be discerned. The one on the left side of the rock painting is holding a long stick in his right hand, as if ready to make a throw. The two in the middle seem to be standing on a long board. The one in the front seems to be disguised for a beast. On the right, a figure is depicted standing on an upright board, holding a long stick in his left hand.

Though seemed nothing out of the ordinary to the common people, the lines, long sticks, and long boards are associated with skiing by the ski expert Shan Zhaojian. For him, the stick held in the hand is "a handheld single rod" and bent body and knees signify the action of skiing, while the long gear under foot is a simplest ski runner back then.

Shan Zhaojian focused on the third group of rock painting, together with Wang Bo and Wang Jianxin, two archaeologists. After studying, appraising and verifying the painting, they took hoards of pictures. Those pictures were brought back to Beijing and identified by ski experts, who reached the consensus of "Postures of figures in the painting are in line with the requirements for skiers. Virtually all the figures are in a standing position, with an extension under the foot. With their torsos leaning forward, and knees bent, they are apparently in motion. In addition, the bountiful animal images in the surroundings are in full conformity with the conditions for identifying rock paintings. Some of the figures are skiing on snowboards, while others are wielding a single ski rod. The postures of skiing figures depicted in rock paintings are strikingly close to those of modern Altay people on ancient ski boards. The group of paintings must be depicting multiple (10) skiers gliding in one row or one skier gliding smoothly from the foreground to the distance."

In Altay, the passage of time did not bring about changes beyond recognition. The landforms of over 10,000 years ago and some of living habits are kept. Here the winter is long, the myriad undulating mountains are covered in thick snow, and the horizon is unobstructed. It is a natural skiing ground created by nature, featuring "The sky as the curtain and the earth as the seat." The lush woods are a local source of quality timber for snowboard manufacturing. The rich wild species have made it a liveable paradise for the Altay...

The ancestors of Altay drew on local conditions and made a living skiing about across the vast snowfields, nuturing their young, hunting and creating culture. Fortunately, the numerous ski-hunting rock paintings have been kept, despite the scour by the torrents of time. They have honored their duties of restoring the long-gone past and recording the distant history at different stages. They have become a bridge for communicating the past and the future, waiting for the truth to surface one day, to be announced to the world.

That day has finally come.

Brave Altay Skiers

The ancestors of Altay are said to "have goat horns and dash across the snow in winter."

Limited accessibility from the perennial snow and the remote location have slowed the impact of temporal passage and vicissitude in the outside world on the Altay. The changes in ancient culture have been slower, with certain cultural imprints visible even now. The Mongolian descendants of Uriyanghai and Tuva tribes now active in the Altay region, as well as the Kazakh people, still follow the tradition of making ancient skis and skiing. The Uriyanghai tribe is a typical example.

Uriyanghai in Chinese mandarin means "dexterous person" and "reindeer raiser." Its history spanning thousands of years coincides with the history of skiing in Altay, while the Uriyanghai are the epitome of Altay skiers from various ethnic groups.

Since ancient times, the Uriyanghai have been loving hunting. Roaming the mountains for prey and returning with bountiful harvest have become an ideal scene of life for them. In Mongols of Xinjiang, the local economic life is generalized as "sixty percent of nomadic grazing and forty percent of hunting." The popularity of hunting is self-evident. The Uriyanghai are good at shooting from the horseback and proficient with hunting. Familiarity with the habits and life of beasts have turned them into experts of hunting. They usually hunt in groups or as individuals. Hunting groups are often clan-based, ranging from 20 or 30 members to 5 members, while those hunting alone would usually "take a spear and a dog" with "a horse" in autumn and "a board" in winter. The "board" is none other than the fur ski.

Faced with such a harsh natural environment, the Altay have found a way to survive the long snowy winter, through had been apt to and taking advantage of nature. Pooling the wisdom of several generations, they have created the unique skill for making sturdy and snow-worthy snowboards, the great helper for survival in the Altay region.

Rashid al-Din the 13th-century Persian historian gave a vivid account of the hunting life of the Uriyanghai tribe in Compendium of Chronicles (Jami'al-Tarikh): "In Uriyanghai, there are many mountains and forests. In winter, there are heavy snows, in which locals kill various beasts as prey. They make a special board called Chana to stand on. A bridle is made of a strip, with one end tied to the front end of the board. Then, the rider would pole the board forward like a boat across the snow with a wooden rod. This way, they can dash about the wilderness, chasing down bison and other animals. Aside from the Chana used as skis, they also piece together larger snowboards for carrying their prey. A load of two to three thousand mans can be dragged with ease across the snow. For a novice, the legs would have been torn, especially during a downfall or gallop. However, veterans can go about the undertaking extremely briskly. Unless one has seen it with their own eyes, one would have never believed this."

Guillaume de Rubrouck the 13th-century Italian explorer was also shocked by the excellent travel of the Uriyanghai in snow. "There is no town in the north either. There is only one herding tribe... the Uriyanghai. Treading on polished bones, they can walk on frozen ice fast as birds and animals."

In the ancient Altay region, it would have been unimaginable for a hunter to be a novice snowboarder. He could even be disqualified for the grand event of collective hunting. Fur skis can furnish skiers with a powerful boost, enabling them to scale mountains and ridges and even "walk on the eaves and the walls." They can easily jump over cliffs two or three meters high. The skis have also brought them abundant supplies. Their ferry snowboards have carried boars, martens, foxes, squirrels, deer, hares and other animals hunted with bows and arrows.

The Altay have made a point of training their children in survival in the wilderness, hunting and skiing, knowing that one day they must cope with dense trees, unfathomable bottoms, steep mountains, sudden avalanches, and flitting wild beasts...All of them are cruel tests of survival. In dealing with the harsh environment on snowboards and seeking harmony with it, the Altay children enrich their wisdom, temper their will, and strengthen their resolute and courage. Those intangible national spirits are also handed down through word of mouth, along with instruction by precept and example.

Today, hunting is no longer a source of livelihood for the Altay. However, after the prohibition of hunting, the snowboards of the Altay did not fall into place. Nor did ancient skiing disappear. In the mountains and at the ski resorts, the agile skiing figures of the Altay can still be seen. Even four- and five-year-olds are eager to have a try on their small fur skis. Relieved the burden of hunting for livelihood, they have become light of heart, skiing for the pure pleasure of gliding over snow and the charm of sports. Their genes for tacit understanding with nature are still there and their passion for skiing is still strong as ever.

Birth of a Pair of Fur Skis

Though not the ski equipment at the origin of skiing, the time-honored fur skis have been in use for countless centuries in Altay.

During the Paleolithic era about ten thousand years ago, humans made primitive ski gears, inspired by foxes, squirrels, deer, hares and other animals scurrying through dense jungles and snow-covered steep mountains.

According to Comprehensive Examination of Literature (a.k.a. Wenxian Tongkao), "Across the wilderness covered in snow, a wooden gear is often used for deer hunting. Resembling a shield, it has a higher head end. Its bottom is smoothed with horse so as to move across snow efficiently. In chasing deers downhill, it is worn like a pair of shoes. On flat terrain, it can be poled forward with a rod they way one punts a boat. To go uphill, one can just step down and hold it in one hand."

Modern fur skis are larger in appearance and simpler in style, but they are not much different from their ancient predecessor in shape, function or manufacturing skill. They have been the result of gradual evolution, as "living fossil" bearing witness to Altay being the origin of human ski culture.

The fur skis are quite different from the light and convenient snowboards nowadays. The difference is precisely the manifest of Altay wisdom of "survival of the fittest". Altay is located in a cold area, where the spring, summer and autumn

Ancient Ski-Hunting Gear of the Altay

Altay Fur Ski Team

are short while the winter is long and harsh. From November to February the following year, its temperature varies from -45°C to -15°C. No sooner does the water drop down than it freezes up. The snow does not melt. As time goes by, it gets accumulated, to a thickness of half a meter in some areas and several meters in others. In winter, while walking in the rocky dense forest, one can easily fall deep into the soft snow at the slightest carelessness.

Even the sledges drawn by a single horse are useless, since the foot of the animal may sink too deep into the snow

Single-Rod Ski Sticks

to pull out. In the eyes of the locals, the snowboards used by modern people are "short, soft, and flat", and thus can't be of much use in the mountainous Altay. They believe that one can't possible ride with the wind on those skis, which worse still might pose safety risks. In winters of knee-deep snow, one can't possible move a single step without those ancient fur skis. With them, one can cover what originally takes an entire day in two hours.

According to the long-term filed research and investigation by Mr. Shan Zhaojian, the fur skis in Altay are generally longer than the user's height, normally ranging from 180 to 210 centimeters, though they can be longer in some cases. Usually about 12 to 13 centimeters in width, they are slightly wider in the rear than in the head, measuring about 11 to 14 centimeters and about 6 to 9 centimeters respectively. The sides are not curved, but are straight. The skis are about 2-3 centimeters thick in the middle, and slightly thinner at both ends. Their cross-section measures about 2 centimeters at the thickest and about 1 centimeters high on both sides, while that of the front and rear parts is roughly arc in shape. The front end is curved upward, measuring about 10-15 centimeters in height and 25-35 centimeters in length... The bottom is virtually flat, and even slightly curved upward at the front and the rear. Therefore, the skis are virtually devoid of elasticity. Greater length and width are more suitable for softer natural snow, while the fur enhancing their rigidity help maintain a certain pressure on the snow, making glide easier.

The gliding surface of the fur skis is covered with fur, mostly from the horse legs for rigidity and denser fur. Otter or elk hides are also used, but mostly for wedding ceremonies and other important occasions. The horsehair is pointed backwards, so that it reduces the drag and increases speed in forward motion and increases friction and thus helps prevent backward slip in climbing slopes. The unique single-rod ski sticks in our view is actually regarded as the "third leg" for Altay skiers. When sliding downhill, the skier sticks the other end into the ground and pins it down with both arms. This way, it forms a stable "triangle" with the two legs, based on accurate and intuitive interpretation of triangular stability by the Altay. It is indispensable for maintaining balance and direction. Moreover, it is often made of larch and other straight small trees and thus can also be used as a weapon for stabbing at prey and warding off the attack of beasts.

The ancient ski sticks are long solid wood poles of varying length and thickness. They are often much longer than the height of the user and the length of the skis, ranging from 210 to 240 centimeters. In some cases, they are even longer, but they are usually about 3-4 centimeters in diameter.

Compared with the modern light and convenient skis, the relatively "cumbersome" fur skis are defective for limited maneuverability, excessive friction, lack of speed and rigidity. However, unlike modern skis, which cater to the need for entertainment and sport, they are practical. People ride them to find and domesticate livestock, fetch water, transport firewood and heating materials, visit relatives and friends and engage in rescue and disaster relief. They are fully incorporated into the joys and sorrows of the locals' livelihood and daily life, which are trivial but practical.

Compared to the modern skis rolling off the assembly line in an endless stream, fur skis manually manufactured step by step by Altay craftsmen in their small workshops exude a unique flavor of craftsmanship.

Moderately tough red pine, white pine or spruce about 20-30 centimeters in diameter are selected and carved in half with an ax. The two thick planks are then fashioned with appropriate tools into "standard" shapes required. Then the front tip is curved upward through a specific process. First, the head part of the board is softened by heating over fire or in boiling water. Then a special tool is used to bend it upwards. The process is repeated until the shape becomes completely set. In some cases, the craftsmen seeking perfection may use a special short planer to polish it, to make the skis more satisfactory and the surface smoother.

In the next step, the skies are air-dried for over 7 days before mounting the fastener. In the center, four vertical holes are bored, and lubricated raw hide strips are passed through them to form an X-shaped retainer, so that the feet can be inserted and the heels secured. Ski boots are none other than ordinary cotton shoes, though jack boots, flat shoes, and boots with upturned front tips are more preferable.

In the last process, horse leg hide is immersed in hot water and stretched to cover the entire bottom of the skis. The fur then fixed with nails. After air drying, the naturally shrunk horse fur is glued to the board as if with suction cups. In ancient times, this process involves stitching with hide strings, gluing with hide adhesives, or fixing with wooden nails.

Hunter's Song Handed Down over Generations

The *Hunter's Song* is also known as *Ballad of Skiing-Hunting*. Ni Yongmei, the secretary of the CPC Committee of Altay City Art Troupe, once served as the deputy head of the Handegate Township People's Government. During a household survey, she heard the Mongolian herder pouring fermented milk for her singing a Mongolian long song. Presently she knew it was *Hunter's Song*.

In the high Altay mountains,

carrying willow arrows and a bow,

pressing on the skiing stick with both hands,

riding on a pair of skis of red pine and white pine,

gliding fast across the pine forest and,

dragging a goat skin bag,

there comes the brave, agile and smart hunter.

Look at him!

How he runs like a antelope in the Altay mountain,

back and forth in the pine forest,

How can you catch him?

The master archer is the hunter,

Shooting one beast after another,

And his prey includes the elk and roe.

The obliquely thrusted ski sticks,

They push the snow around into a small snowball.

And the little snowball rolls on and on,

And becomes a larger ball,

That races against the hunter,

At his heels.

However, the hunter riding on fur skis

Soon vanishes out of sight. ①

Picture of Ancient Altay Skiing Hunting

---

① Shan Zhaojian, Wang Bo, ed., *The Original Place of Skiing—Altay Prefecture of Xinjiang, China,* the People's Sports Publishing House and Xinjiang People's Publishing House, January 2011.

Hunter's Song Handed Down over Generations

The song of the hunters singing praise for the hunters on snowboard and praying for their well being with sincere and deep feelings has a long history. It has been sung among the Altay for generations over the course of several thousand years. With a robust style, it carries profound connotations.

In winter when the mountains are covered with snow, the food sources become scarcer. The Uriyanghai, though good at finding nature's gift in the mountains, have no choice but to hunt in the Altay Mountains. Shuttling through the forest on skis, they used to spending two or three months hunting. As the steps of spring gets closer, they would ski back home, their skateboards laden with deer, wild boars, badgers, and

hares. They bountiful harvest means not only cuisines for their families, but alos carry silent yet profound love for them.

Hunting in the mountains, especially when the mountains are sealed off, avalanches, severe cold, fierce beasts, and food shortages can emerge in an endless stream. Each hunting trip is also a risky adventure. The relatives staying back at home are always anxiously awaiting the return of the hunters, care-worn for their safety and praying for them day and night. They would often gather together and sing songs of skiing hunters, pour fresh pure milk on the ground, and place the ancient skis on altars, to pray for the safe return of their loved ones from the mountains with fruitful results.

The Hunter's Song has been handed down from generation to generation in the Altay. Later, Mongolian folk entertainers accompanied the song with Tobhuel, Ikler, Chuwuer, Humai, Horse-Head Fiddle and other instruments, cementing its long and melodious tune and long history. The brave and savvy Altay hunting in the mountains on their fur skis are brought to life in the mind of the hearers.

In addition to the widely sung *Hunter's Song*, there is another song that is particularly important for Altay and the ski culture. It is *Origin of Human Skiing—Altay, Xinjiang* the song based on lyrics by Shan Zhaojian and Jia Youbao, and music by Murat Dalelkhan. The lyrics are as follows:

How the snowflakes fly among the Altay mountains,

This stretch of land is the most beautiful since the germination of the universe,

Across the long history, it has accumulated the superb in the world,

Recalling the history of skiing, we find it to be the birthplace!

Hunting on skis, our ancestors have been trail blazers.

Winds and storms have tempered our brothers of the meadow.

The golden mountains and silvery rivers are imprinted with various traces,

At the hometown of skiing and the cradle of human civilization,

The time-honored folk song spreads lofty ideals,

While the millenia-old rock paintings tell immortal legends.

Ancient fur skis carry you along,

upholding the Declaration at the turn of the century.

Altay... Altay...

Should be upheld as the sacred land of human skiing!

Origin of Human Skiing—Altay, Xinjiang and *Hunter's Song* are of the same effect, both giving vent to the towering and heroic Altay Mountains and the long history of cradle of skiing.

One Moving Story after Another

Altay is particularly rich in moving stories. There are old stories and new ones. There are legends handed down by word of mouth, telling tales of the intense and heroic hunting and nomadic culture. There are also moving stories focused on modern times.

In the vast wilderness where the sky is low and the mountains tall, those stories and legends show the fear for the unknown to ancestral Altay or encapsulate their worship for heroes, all marked with their daily life. The fur skis, as a means of transport in the mountains and snowfields, are made of animal furs. Stained with the blood of snow animals, they were believed to have mysterious powers capable of breaking curses and eliminating ghosts. Therefore, they were regarded as patron god and comrade in arms by local people.

The ancient stories highlight the courage, wisdom and responsibility awareness of the Altays. However, there are also heroic tragedies.

During the Junggar rebellion in the reign of Emperor Kangxi in the Qing Dynasty, the uriyanghai fought an arduous war against the Junggars year after year, with victory hinged on the season. In winter, the uriyanghai had all the advantages, since they were all seasoned hunters on skis, while their enemy could barely move in the thick snow. Therefore, the Uriyanghai were often victorious

Uriyanghai Heros Safeguarding Peace

"Household Museum" of Altay Skiers

thanks to their upper hand in speed and strength. In the summer, the wind would turn in favor of the Junggars. After the winter, the well rested and trained soldiers and horses were more anxious to go into action. The equestrian Junggars often had better odds of winning, while the Uriyanghai were often defeated. Numerous Uriyanghai heroes laying down their lives guarding their tribe and peace have invoked the respect of the Uriyanghais. They commemorated their warriors killed in battle through the folk songs handed down by word of mouth from generation to generation.

The Altay ancestors also continued to explore human nature and bottom line. They told their descendants with legends that some deeply ingrained elements in human nature might lead to eternal devastation once subjected to seduction, just like the water surging peacefully along in the river would burst the banks at any gap.

The indiscriminate hunting in deep mountains and old forests by the Altay had pushed many species to the verge of extinction and plunged nature into crisis. In order to prevent excessive hunting, the angry mountain god turned itself into a "nine-colored deer" to lure the hunters away. However, the colorful rays from its head instigated the greed of the hunters, who caught it and brutally cut off its antlers.

Even so, the mountain god intended to give the hunters a chance to atone. An agitated old hunter that still kept his conscience was given the oracle at night that the deer had been a trap set up by the mountain god. He quickly told his fellow hunters about the truth and took his people away. However, a few hunters were so obsessed that they disregarded his warning. In the evening, they secretly left the migrating parade, killed the deer and traded its antlers for nice food and luxury clothing.

However, the good times did not last long. Later, those hunters were attacked by beasts in the mountain, while seeking refuge there. On the deathbed they saw the nine-color deer leaping through the forest. Only then did they realized that they had been cursed by the mountain god for killing the nine-colored deer. Finally conscience stricken, they beseeched the mountain god to spare their tribe of its wrath, saying they would willingly become animals to be hunted until the curse was lifted. The mountain god granted them the wish. In the twinkling of an eye, the hunters were turned into animals jumping in the mountains. The Altays were able to return to the mountains to hunt. They used their super archery to obtain delicious food. They made snowboards from animal skins. Their gliding postures in the mountains was as light and smooth as the miraculous nine-color fairy deer. Meanwhile, they also learned to moderately accept nature's gifts and live in harmony with it, creating an interdependent community of sustainable development.

The ancient legend encapsulated the unadorned feelings of the Altay in respecting nature and protecting their homestead. Now, they no longer live on hunting, while skiing has become a popular winter sport, carrying the bravery, hard-working spirit and vitality of the Altays. Skiing is for the Altays what riding is to the prairie people, and boating to the seaside fishermen. It is a key and symbolic activity and skill for their survival and development as a people of the snowy mountains.

There is a ski showroom on the way to the Jiangjunshan Ski Resort. There, the precious ski history of Altay is preserved. In the exhibition hall, an overwhelmingly rich variety of exhibits are neatly arranged for display, including the ancient fur skis, various early snowboards like veneers and ski jumpers, prizes and honors gained by Altay skiers at home and abroad, as well as photos related to Altay Skiing.

The ski showroom is managed by Sun Jiqin, an outstanding local skier of the 1980s and the second eldest of the three Sun brothers in the Altay Ski Team. In recent years, they were excited by the establishment of Altay as the cradle for human skiing and the rise of modern ski sports, as were their former ski teammates. Their retirement and senior age did not interfer with their enthusiasm for skiing. Thinking about contributing to Altay's skiing cause, they founded the ski showroom. Similar venues abound in Altay.

The several "skier veterans" spared no pains to draw on their expertise to show Altay's skiing history, acquainting more people with it and prompting them to develop a fondness for skiing. From this perspective, they are also the "promotion ambassadors" of winter sports in China.

Chapter 2

Skiing Parks

Mushrooming in China

Skiing Fervor Kindled by Beijing Winter Olympics

It takes long brewing as the foundation and related events as the tipping point for any incident to go viral. And Skiing is no exception.

Although Altay is proven the origin of skiing, until recently, there has been no apparent association between skiing and China. Whenever skiing is mentioned, people may think of it in the backdrop of Nordic Scandinavian countries, Austria, France, and possibly Canada, the United States, and Russia.

In the 2014 Sochi Winter Olympics, Norway won 26 medals, including 11 gold medals, 5 silver medals and 10 bronze medals, second only to Russia, which had the "home advantage." Among them, cross-country skier Marit Björgen won 3 gold medals, including one for women's cross-country skiing. After an operation for a torn knee ligament in 2013, Jansrud the star skier won the champion for Men's Speed Drop in Alpine Skiing.

The European ski powers are underpinned by a mature ski industry, with the large number and scale of ski resorts as the most cogent manifest. According to the 2016 Global Ski Industry Report, there were about 6,000 ski resorts worldwide, and mostly were in Europe. In particular, the world's top ski resorts were mainly concentrated in the

Alps, while the rest were distributed in North American and East Asian countries. The report showed that there were about 500 and 700 ski resorts in the United States and Canada respectively.

Undeniably even nowadays, China still has a long way to go to become a "skiing power." In the 1996 Asian Games, the Chinese ski industry quickly rose. In 2000, with the introduction of snowmaking technology, it witnessed development by leaps and bounds. Before 2000, there were only 9 ski resorts in China, and the number of professional skiers were below 1,000. After 2000, the number of skiers and ski trips in China grew by an annual rate of more than 20% on average. Entering a period of preliminary development, China has been catching up, but still lags behind.

According to the Winter Sports Industry Report by Southwest Securities, the output value of the Chinese ski market totaled about RMB 12 billion in 2015, and the number of ski trips stood at 12.5 million. Accounted for only 0.9% of the total population of 1.3 billion, the number of people participating in skiing was only several million. Seen from this indicator, Chinese skiing was equivalent to the US skiing in the early 1970s.

However, all this changed in 2015, which was a special year for skiing in China. On July 31, 2015, at the 128th plenary session of the International Olympic Committee held in Kuala Lumpur, Malaysia, Beijing-Zhangjiakou became the successful candidate competing for the bid to host the 2022 Winter Olympic Games.

As Beijing won the bid to host the 2022 Winter Olympics, the enthusiasm of the Chinese in skiing was kindled. Stimulated by the news, the number of Chinese ski resorts, skiers and popular enthusiasm in the sport soared.

Beijing-Zhangjiakou Winter Olympics is a good opportunity to realize the national fitness strategy. It will vigorously promote the development of winter sports in China.

One of the manifests is the sharp increase in ski resorts. Statistics show that the number of ski resorts in

China increased from 568 in 2015 to 646 in 2016, up by nearly 80 within one year. It is estimated that by 2022, this number will reach 1,000. ①

A second manifest is the rapid increase in skiing population. Regarding the skiing population, Beijing solemnly promised to the International Olympic Committee "to introduce 300 million people to winter sports" in bidding for the right to host the 2022 Winter Olympics. In addition, developing popular skiing has been officially included in the Second Five-year Plan of the National Fitness Program. The figure of "300 million" is not an infeasible goal.

According to data from the China Ski Industry Blue Book (shortened as "Blue Book"), the number of ski trips in China totaled 12.5 million in 2015, up by 21.36% from the 10.3 million of 2014. The number of ski enthusiasts in China and its growth both exceeded expectations, entailing untold business opportunities.

At noon on February 11, 2016, Nanshan Ski Resort in Beijing was still teeming with skiers, although it was already lunchtime. There were agile veterans leaving trails of flying snow dust behind, as well as beginners stumbling along. The exceedingly careful beginners could not help their excitement. Although they might slip and fall, they would immediately rose to their feet and simle happily to their companions.

Inside the building, there was a long queue at the ski rental counter. Those already in possession of ski equipment were looking for a changing space. Some couldn't wait to get changed. Instead, they rushed to the another counter to make appointments with coaches to their liking. Despite all the rush, they found that they still had to wait in a line of a dozen skiers before any appointment was possible.

---

① "*2016 China Ski Industry White Book*" Released, http://www.ce.cn/, accessed February. 21, 2017.

Those "lucky dogs" in front of the line could not be fully at ease or confident. Although some might inquire into the instruction price, they were more anxious for their turn.

When the skiers were bustling, the ski instructors were also up to their neck. In order to help more skiers, they had minutes to sit down and change their gear at the alternation between single-board skiing and alpine skiing. There was no time for a break or even meal. Hardly had they returned when they were out in the ski area with new skiers.

One knows by a handful the whole sack. The lively scene of Nanshan Ski Resort is just one manifest of the "butterfly effect" incurred by the Beijing Olympic Winter Games. In areas other than Beijing, "ski fervor" has also spread rapidly. In the spring festival of 2016, Chongli received a total of 532,000 ski trips, up by 25.8% against the previous year. And 50% of them were there for skiing. China Snow Town, the snow-covered tourist attraction in Heilongjiang received an aggregate of 105,000 ski trips during the 6 days of the 2016 Spring Festival [1], up by 91%. Yabuli Holiday Resort received a total of 84,000 passengers, up by 67.8%.[2]

The world history of sports has also proved the promotive effects of the Olympic events on the popularization of sports activities. Regarding Winter Olympics and skiing, Japan has become a precedent worthy of reference. In the 1950s, Japan began to vigorously develop ski resorts. The Sapporo Winter Olympics of 1972 again fueled the construction of Japanese ski resorts and the enthusiastic participation of skiers in the country. In the late 1970s, ski resort construction reached a peak, with over 1,000 ski resorts attracting more than 30 million skiers each year.

---

① *Skiing Circle of Chongli Expanded as 530,000 Tourists Swarmed in for the Spring Festival*", Hebei Youth Daily, February. 17, 2016.

② "Tourist Market Steadily Expanded for the Spring Festival", China Securities Journal, February. 16, 2016.

Lively Scene in a Ski Resort

A butterfly flapping its wings in Brazil may cause a tornado in Texas, in a typical scenario of what is known as the "butterfly effect." With increasing popular emphasis on skiing, the Beijing Winter Olympics may trigger the "butterfly effect" in Chinese skiing and promote its rapid development.

Yabuli: Once the Pacesetter of Skiing

Yabuli Ski Resort holds considerable sway in the ski culture and ski resort development in China. In terms of ski area distribution, China can be roughly divided into four major blocks, including Yabuli, Jilin, Chongli-Beijing and Xinjiang. Among them, Yabuli is the starting point for modern mass skiing in China.

More specifically, Yabuli was for a long time synonymous with Chinese skiing.

"Yabuli" is the transliteration of the Russian term "Yapu Loni", meaning "orchard." It is located 23 kilometers southwest of Yabuli Town, Shangzhi City, Heilongjiang Province. Yabuli has an average annual temperature of 2°C-10°C, with the lowest temperature at -34°C and a snow period of about 120 days (from November to the next April). In winter, the snow accumulated in the mountains can reach 100 centimeters in some areas. The snow is of good quality and moderate hardness, and is thus suitable for skiing.

Yabuli Ski Resort was first built in 1980. In the budding stage of China's ski industry, it drew on its natural and policy advantages to become the only giant in the Chinese ski sports market between the end of the 20th century and the beginning of this century.

Undisputedly it is now one of the largest comprehensive ski resorts in China, capable of accommodating tourists on vacation and qualified for hosting international competitions.

The Yabuli Ski Resort boasts international standard venues and ancillary facilities. Its Alpine Ski Venue, K90 Ski Jumping Ski Venue, K125 Ski Jumping Venue, Veneer (U Pool) Venue, Cross Country Ski Venue and Biathlon Ski Venue have been certified by the International Ski Federation (FIS) and International Biathlon Union (IBU). It is no exaggeration to say that the Yabuli Ski Resort has basically met the conditions for contending the right to host the snow events in the Winter Olympics.

Judging from the competitions accommodated, Yabuli Ski Resort has a brilliant "resume." Since its establishment, it has successively hosted the 5th, 7th, 10th and 11th National Winter Games of China, the 4th Asian Junior Alpine Ski Championship, the 3rd Asian Winter Games, and 24th Winter Universiade and other major domestic and international skiing competitions, as well as dozens of provincial ski events.

The 3rd Asian Winter Games of 1996 prompted its rise to fame and its development into largest snow resort in China with advanced facilities and superb conditions.

The 24th Winter Universiade of 2009 once again put Yabuli Ski Resort in the limelight worldwide. Until now, Yabuli Ski Resort is the first ski "bridgehead" in China to be accredited by the International Ski Federation and qualified for hosting international Class-A competitions. In 2015, Yabuli Ski Resort successfully hosted the FIS World Youth Single Board Championship. In 2016, it successfully hosted the World Single Board Championship.

Long made a training base of the national winter sports team, Yabuli has also attracted ski enthusiasts from all over the country. It is both a touchstone for athletes and the venue for the growth of the first Chinese ski enthusiasts.

In addition to accommodating international events, Yabuli Ski Resort is also a comprehensive ski resort that integrates ski tourism and skier training. It is the "5S" ski resort within one of the first batch of "AAAA" scenic spots in China. The entire ski resort is surrounded by mountains and dense snow-covered forests, with spectacular scenery.

Yabuli Ski Resort is also the winter training base of

the National Polar Science Exploratory Office. After it was made so in 1984, Yabuli Ski Resort had received 29 batches of scientists for winter training before their visit to the South Pole.

In addition, in 2003, Yabuli Ski Resort was made a training base of winter events for the physically challenged Chinese by the China Disabled Persons' Federation. At the same time, it is chosen by the China Ski Association as a comprehensive venue for ski training in China.

The hardware configuration has cemented the dominant position of the Yabuli Ski Resort in ski resorts

Yabuli Ski Resort

and ski culture in China, though the boosting effects of its software is not to be underestimated. After decades of development, it now has a first-rate ski coaching team, including ski instructors with junior and intermediate qualifications, as well as regular part-time professional coaches and athletes.

Yabuli is attracting hordes of ski enthusiasts with its excellent ski resources. The development of the Yabuli Ski Resort has also provided valuable experience for the Chinese ski industry.

Cultural Namecard of the "Silk Road"

Altay in Xinjiang was the origin of skiing in human history. The Silk Road International Ski Resort is located in the Tianshan Mountains, next to the winter sports town 38 kilometers south of Urumqi City. It covers an area of 12 square kilometers, at an altitude of 1600 to 3200 meters above sea level. As the first 5S ski resort in Xinjiang, it is qualified for hosting international events, accommodating the 13th National Winter Games in 2016. In 2017, it was awarded the title of National Xinjiang Silk Road Sports Training Base by the National General Administration of Sports. Also built in the Tianshan Mountains at an earlier date, the Baiyun Ski Resort has become the second largest ski resort in the outdoor vacationing zone in the area.

The claime of "Xinjiang as an ideal place for skiing" stems from its superior natural conditions. Unlike other regions, Xinjiang has abundant sunshine and beautiful scenery even in winter. In particular, the northern foothill of the Tianshan Mountains harboring the International Silk Road Ski Resort belongs to the inverse temperature zone.

Known to the Kazakh as "the winter resort", it has no freezing wind or dark clouds. A total of 300 days throughout the year are blessed with direct sunshine. Even at the coldest time of year, the temperature of the Silk Road International Ski Resort does not go under -15°C. In most winter days, the temperature varies from 0°C to -10°C. Therefore, it can be justifiably called "warm haven in winter", capable of making visitors comfortable.

Just imagine the silhouettes of skiers darting through the afterglows of the setting sun in the Silk Road Ski Resort in the middle of forests and mountains. In this exotic ski resort, one is encountered with outlandish landscape that offers mental relaxation in the action and the great satisfaction afterwards.

The scientific configuration of the Silk Road ski resort is also a fundamental guarantee for its rapid accession to the ranks of outstanding ski resorts in China, aside from its superior natural conditions.

As the largest ski resort in northwestern China, the Silk Road International Ski Resort has a 4,300-meter ski-tourist cableway and a capacity for 10,000 people skiing at the same time. It has several elementary, intermediate and advanced ski trails, and its ski area per capita reaches 50 square meters.

The beautiful eco-environment, the spacious ski trails, and the emphasis on cultural construction during development have combined to furnish skiers with a favorable skiing environment. The smooth ski trails are more conducive for skiers to learn and master ski skills safer. The Silk Road International Ski Resort boasts globally advanced snowrollers from Germany. Every day, the ski trails are mechanically loosened to form a soft snow layer about 5 centimeters thick, making it easier for skiers to control their movements and thus making skiing safer and more comfortable. The Silk Road Ski Resort occupies a leading position among the top ski resorts in China for its full range of items and various honorary titles.

In 2016, the Silk Road International Ski Resort and the Tianshan Tianchi Ski Resort were concurrently made the venue for the skiing event of the 13th National Winter Games of China. In order to meet the needs of "the 13th National Winter Games", the Silk Road International Ski Resort launched an upgrade of the trails for alpine skiing from early 2015. Safety poles and protective nets were added, laying a solid foundation for the smooth unfolding of the games.

During the "the 13th National Winter Games", the winter sports athletes from across China were contested in the Silk Road International Ski Resort. A total of 11 gold medals were awarded, setting a new record. After the event, the Silk Road International Ski Resort had received more skiers with a new look.

Erwin Trail of the Silk Road International Ski Resort

After the "the 13th National Winter Games", the Silk Road International Ski Resort entered a period of rapid development. In 2017, it completed the first ski-sightseeing high-speed cableway in Xinjiang and the first all-season training base for ski jumping (K75) certified by the International Ski Federation. Many of its new items are incarnations of the Silk Road concept and highly characteristic of ski culture, making it a ski pearl on the Silk Road.

As one enters the Silk Road International Ski Resort, a trail plunging downward at over 30 degrees for 2000 meters comes into view. That is none other than the Erwin Trail, the steepest alpine ski trail in China. It is indispensable from Erwin Stricker the Italian national throughout construction, from design to completion.

Erwin Stricker, the former world ski champion, took a post at the International Ski Federation, charged with developing ski markets in developing countries. In May 2010, he accepted the invitation from Silk Road International Ski Resort and became its senior advisor. During his first visit there, he was immediately spellbound by the natural ski resources at the Nanshan area in Urumqi and the vast expanse of the wilderness.

He deemed the Silk Road International Ski Resort a sacred place for future ski resorts. In the following four months, he made four trips to Xinjiang from Italy, busying himself with the construction of the Silk Road International Ski Resort. He participated in the design of the slopes, heights and routes of the trails.

Unfortunately, after signing a strategic technical guidance contract with Silk Road International Ski Resort in October 2010, Erwin Stricker was diagnosed with lymphoma. However, he braved his illness and continued the design of the ski resort. On deathbed he expressed the hope that his team could continue what he had begun at the Silk Road International Ski Resort.

Now, Erwin Track has become an alpine ski trail certified by the International Ski Federation for international events, cementing the international nature of the Silk Road International Ski Resort.

The Jiangjun Mountain: Sacred Land of the World's Skiers

The Jiangjun Mountain located on the east bank of the Kelan River is the symbol and pride of Altay, Xinjiang. With a main peak extending from the north to the south, it covers 18 square kilometers at 1,360 meters above sea level. The myriad gullies and undulating peaks have turned it into a majestic indomitable general, guarding the miraculous and beautiful mountain terrain of Altay day and night.

The Jiangjun Mountain is not just a mountain. It's a natural ski resort and a 5S one at that. In fact, it is the third one of its kind in Xinjiang, following the Silk Road International Ski Resort and the Tianshan Tianchi Ski Resort.

It is also blessed with such advantages as long frozen period in winter and abundant quality snow, just like the Silk Road International Ski Resort.

Due to different weather conditions, each ski resort has its own characteristic snowfall, and varying snow quality. Natural snow can be divided into powdery snow, flake snow, slurry snow, and shell snow, each offering a distinct experience of skiing and requiring different skills for the skiers. In general, virtually all skiers are eager to have a go

The Jiangjun Mountain Ski Resort

on the natural ungroomed powdery snow.

The Jiangjun Mountain Ski Resort is cold and dry in winter, with mostly powdery and flake snow. At temperatures below -25°C, the snow is like sand. It doesn't get caked and reduces friction. Skiing on such snow is like driving on a wide and flat road.

However, unlike the Silk Road International Ski Resort, it is located in Altay City, just 1.6 km from the square. The location is undoubtedly a great plus for skiers since they can spend more time skiing, not on the way to it.

Thanks to its transport capacity, skiers are spared the pains of waiting in the line. It has one 2-person cableway, one 4-person cableway, 2 magic blankets, and 5 surface lifts to provide an hourly capacity of 4,500 people. Thus skiers can start skiing without much waiting.

Trails are the foundation of the ski resort. With a maximal difference of 405 meters, the Jiangjun Mountain Ski Resort boasts 27 ski trails in total, including 3 advanced trails. One of its advanced ski trails has been certified by the International Ski Federation for hosting international men's and ladies' giant slalom and slalom.

Markus an technical officer of the International Ski Federation once spoke highly of the Jiangjun Mountain Ski Resort. "The ski trails here can only be navigated with skills and a certain degree of difficulty. They are rarely found in Europe. And they are bound to subvert the understanding of Chinese ski resorts of European athletes and ski enthusiasts visiting here."

The intermediate trails of the Jiangjun Mountain Ski Resort are also distinctive. Among them, the extra-long "Golden Avenue" of 3,000 meters is the longest intermediate ski trail in Xinjiang. In addition, there is a 1,100-meter wild snow trail with an elevation difference of 400 meters, a maximal slope of 35 degrees, and a snow depth of nearly 1 meter. This trail is built according to mountainous terrain, enabling skiers to overlook the entire Altay city from the top.

"Golden Avenue" Trail of the Jiangjun Mountain

Take a look at the trails of the Jiangjun Mountain Ski Resort, and one sees an interesting pattern: all the trails are arranged in gradually ascending altitude differences, from 60 meters to 80 meters to 100 meters and beyond. The arrangement seems to encourage skiers to redouble their efforts for steady progress.

Delightful Surprises of the Altay Mountain Off-trail Ski Park

The inclination to off-trail skiing stems from the ideal of self challenging and the identity with nature. For many, it probably springs from the yearning for returning to nature.

In the world, there are two types of venues and environments for skiing, including ski resorts and wild snow fields.

"Wild snow" means natural snow. Skiing in snow-capped mountains, non-groomed trails in high-altitude snow fields, and natural trails in forests is usually called wildness skiing.

A glimpse of the difference between skiing and off-trail skiing can be gained from the name. For skiing, there are trails; for off-trail skiing, there is none, carrying the connotations of skiing in nature. Wild snow means the unknown and challenges. Off-trail skiing is tantamount to taking the unusual road, and it affords experience in overcoming onself through sports.

Countries and regions in Northern Europe, North America and Japan boast abundant wild snow resources because of the climate. Even the snow on the ski trails takes on the properties of wild snow. Skiing has become a relatively mature sport. Some of the popular ski videos on the Internet leave viewers impressed for their superb skills. Those are virtually all completed in wild snow.

In contrast, China is faced with constraints because

The Altay Mountain Off-trail Ski Park

of limited natural snow resources. However, from ancient times to the present, skiing has never stopped in China. The most cogent proof is that in Altay the origin of the ski culture people has been enthusiastically engaged in off-trail skiing.

Even nowadays, the Altay region is still one of the areas with the most developed skiing culture in China. It is a holy land for skiers, and the region with the most abundant snow resources. Relying on its advantageous natural conditions, the Altay Off-Trail Ski Park has become a sanctuary sought after by skiers.

Altay Off-trail Ski Park is located 25 km northeast of the city of Altay. Inaugurated in December 2016, it covers an area of 2,000 square kilometers. On the north of Off-trail Ski Park, there are many peaks of over 3,000 meters in altitude in the Altay Mountains. Youyi Peak the main peak is 4,374 meters above sea level. The high altitude is the guarantee for the abundant wild snow stock of the Park, which is also a sacred place awaiting moderate development. In total, the park plans to develop dozens of off-trail skiing areas, varying from tens of to hundreds of square kilometers in size. There is no other place in China for a hearty experience in off-trail skiing in such a huge natural ski resort.

The Altay Mountains blocks the direct intrusion of cold air from Siberia. The southern side of the mountain range can receive sufficient sunshine. With a breeze or free of wind even in winter, it makes visitors comfortable. The Off-trail Ski Park is located in the hinterland of the southern side, with heavy winter snowfall over a long snowy period. The annual cumulative snowfall exceeds 2 meters on average. Those conditions are uniquely advantageous for skiing. From October to May of the following year, skiers are entitled the fun of off-trail skiing safely.

The contributions of the Altay Mountains to the off-trail ski park consist in providing not only abundant snow resources, but also perfect fall and mountain shapes. Internationally, the range from 2,000 meters to 3,500 meters in altitude is recognized as the ideal ski belt. Altay Off-Trail Ski Park is located within the range, which enables skiers to experience the pleasure of skiing without suffering from

Passions Vented in the Off-trail Ski Park

the altitude sickness.

In addition, most of the Altay Mountains are roundish in shape, with beautiful curves. There is no particularly steep cliff, and the mountains are dominated by alpine meadows, with flat ground. Thus smooth skiing is guaranteed without the need for carving out a way through the forests. For skiers, ski trails are everywhere in the mountains and wilderness. They are free to choose whichever to their liking. Go down from the hilltop and a trail is left in the powdery snow. Skiers gliding through the snow-covered wildness will feel comfortable and relaxed. Isn't this the highest realm for skiing?

Altay Mountain Off-trail Ski Park is the first ski resort in China to usher in helicopter skiing. In helicopter skiing, skiers are first ferried to the starting point by helicopter for skiing. In general, the starting point is at the top of the mountain for skiers to enjoy off-trail skiing. There is no set route, so skiing is relatively difficult and exciting.

Helicopter skiing originated in Europe and the United States. In the 1950s, skiers in Alaska and Europe began to use helicopters for skier transport. However, it was not until 1965, did Hans-Germother the founder of Canadian modern mountaineering officially promoted the helicopter skiing as a business.

Because of the relatively high costs involved, helicopter skiing was mostly seen in the United States, Europe and Canada. On December 7, 2016, the Altay Mountain Off-trail Ski Park broke this stalemate. On that day, it successfully tested China's first helicopter skiing, opening the prelude for helicopter skiing in Chinese ski resorts.

At the Altay Mountain Off-trail Ski Park, helicopter skiing is offered, together with "snow cat gliding" for protecting the ecological environment. Compared with helicopter skiing, "snow cat gliding" better deserves the position of being a feature of the Ski Park.

"Snow cat gliding" is a skiing based on a gliding climbing device. Specifically, a large carriage is customized by refitting a snow press. The refitted carriage has a large capacity, for 14 to 20 passengers. With its caterpillar and snow pressing capabilities, it can reach untrodden snow areas. It can "climb" higher mountain tops as an efficient taxiing and climbing tool. Its flexibility and mobility in the snow makes it comparable to cats, hence the name "snow cat."

Altay Off-trail Ski Park not only brings us wild snowy and alpine scenery, but also reveals the inexhaustible natural skiing resources of the Altay Mountains.

The Altay Mountains has a unique geographical location, distributed among the 4 countries of China, Kazakhstan, Russia and Mongolia. One of the areas is close to Mongolia, with an altitude of 3,980 meters and a drop of nearly 1,800 meters. It perennial glaciers makes it an ideal spot for establishing a "Summer Ski Park."

Mr. Gu Ji, Chairman of the Altay Mountain Off-trial Ski Park said proudly that "The Chinese side of the Altay Mountains boasts mountain resources, natural snow resources, unique climate, and primitive ecological landscape. In particular, it is the spot where the earliest sun of skiing rose... There is no other mountain in the world standing comparison with it!"

In the future, with the promotion of the origin of human ski culture, Altay will surely become a world-class ski region, and the Altai Mountain Off-trail Ski Park will also become a paradise for ski lovers in the world.

"Ice Gala" Launched in Beijing

In describing the feeling of skiing someone once said that "Skiing gives a sense of flying, as the wind whistles in the ear, the snow jolts under the feet, and everything flies by. You are in direct contact with all those. There is no glass windshield, metal shell or shock-absorbing suspension. Isn't close contact with speed an exciting experience?"

This magical experience has attracted more and more people to the sport of skiing. With the news of its success in bidding for the right to host the Winter Olympics, Beijing has also launched a lively "ice galla."

In early March of 2017, as the weather became warmer, various ski resorts in Beijing announced suspension of business in succession, drawing to an end the snow season of 2016–2017, which lasted for more than three months. According to the Blue Book estimates, 24 ski resorts in Beijing received a total of 1.71 million ski trips in 2016, topping the country.

In late February 2017, Beijing ushered in the first large-scale snowfall of that year. The heavy snowfall lasted from noon til late afternoon. It was extremely precious for the 24 ski resorts around Beijing where snowfall had been rare.

Throughout China, Beijing occupies a leading position in terms of ski resorts. The 24 ski resorts in Beijing are mainly located in the suburbs, except for the Bird Nest

Snow Season, which is located in the center of the city. Among them, Nanshan Ski Resort, Huaibei Ski Resort, Jundushan Ski Resort, and Yuyang Ski Resort are the larger ones and are all located in northern Beijing. The Wanlong Bayi Ski Resort, Longxi Ski Resort, and Xuedu Ski Resort are distributed in southern Beijing, with the first one in Fengtai District and the rest two are in Daxing District.

Of all the major ski resorts in Beijing, Nanshan Ski Resort boasts rich cultural atmosphere, comprehensive services, a large scale, advanced facilities, and a full range of ski trails.

This medium-sized ski resort in Shengshuitou Village, Henanzhai Town, Miyun District in the northeastern suburbs of Beijing is 30 minutes' drive from urban Beijing.

Nanshan Mellow Park (by Nanshan Ski Resort)

It is also a winter resort that integrates skiing, recreation, ice climbing and other active leisure sports.

Nanshan Ski Resort has a total of 25 ski trails, including advanced, intermediate, elementary ski trails, training trails and recreational trails, as well as a ski park popular with ski enthusiasts.

For single-board fans, introduction of "Mellow Park" the world famous single-board park to Nanshan Ski Resort constitutes added attraction. In Mellow Park, there are 3 large platforms, 6 irons of various shapes, and huge veneer walls. Each item and every facility are intended to enable skiers to fly happily.

In addition to Mellow Park, Nanshan Ski Resort has also an appealing wavy ski trail for skiers. The tortuous terrain allows skiers to fully experience surfing on the silverish wave. The X-chute off-trail to the south of Houshan Advanced Trial has also been ardently sought after by skiers. With a maximal steepness of 35°, it is a high-efficient training ground for domestic mountaineering skiers and off-trail ski lovers who go abroad.

A fully equipped ski resort must not forget beginners and children skiers. In this regard, Nanshan Ski Resort has been considerate. There are ski trails specifically designed for children, and magic carpets. It can fully satisfy the requirements for children's safety in improving skills.

For those hankering after the beautiful scenery aside from skiing, Huaibei International Ski Resort is an ideal choice.

Established in 2001, Beijing Huaibei International Ski Resort is one of the earlier ski resorts in Beijing. It is located in the Jiugukou Natural Scenic Area in Huairou District, known as the "back garden" of Beijing. Surrounded on three sides by the Great Wall, it is known as Beijing's most beautiful ski resort for its picturesque scenery, rich surface water, and clean dry air.

It is worth mentioning that Huaibei International Ski Resort boasts not only beautiful scenery but also quality snow. Surrounded by mountains and situated in the Yanshan Mountains, it has a typical small-basin climate, with cold and dry air. In addition, surface water is used in snow-making, and the water temperature is maintained at

0-4°C. This unique "cold lake effect" makes it convenient for Huaibei International Ski Resort to make snow in mid-November each year. The powdery snow is moderately hard, making skiing very comfortable.

It is undeniable that Huaibei International Ski Resort is a good ski resort. It has a 5,100-meter open ski trail with a drop of 233 meters. It also has 8 snow trails for elementary, intermediate and advanced skiers. Therefore, it has the capacity for entertaining all sorts of ski lovers and experiencers. Meanwhile, it is also a venue for snow entertainment. Aside from skiing, it offers visitors a rich repertoire of entertainment programs (including snow circles, snow archery, ice climbing, snowmobiles, and etc.). In addition, it has reconstructed the snowmobile course and circular trail, to meet the diverse needs of tourists.

As the Beijing Winter Olympics draws near, more and more amateurs without experience in skiing began to swarm into ski resorts. For absolute beginners, Wanlong Bayi Ski Resort and Jundushan Ski Resort may be the best choice to experience the fun of skiing.

Jundushan Ski Resort is a ski resort in the suburbs of Beijing, with the shortest distance from urban Beijing. Wanlong Bayi Ski Resort is located between the West 5th Ring and the West 6th Ring. So, it can be counted as ski resort within urban Beijing, with extremely advantageous geographical location and very convenient transportation.

Wanlong Bayi Ski Resort boasts 8 ski trails, including 2 elementary ski trails, 2 intermediate ski trails, one senior ski trail, one veneer practice lane, one circular trail and one free instruction trail.Capable of accommodating different ski groups, it is even more suitable for ski lovers to experience the fun.

Skiers finding Wanlong Bayi Ski Resort not satisfying may try Jundushan Ski Resort. Jundushan Ski Resort is located in the foothills of the Jundu Mountain in Changping District, with a noteworthy geographical location. It adjoins the Ming Tombs in the west and the famous Xiaotangshan Hot Spring Resort in the east.

The Jundushan Ski Resort has advanced ski trails, as well as two intermediate trails of varying drops. Extending for nearly 1,000 meters, the intermediate trails are safer

Huaibei International Ski Resort in the Shadow of the Greet Wall

(by Deng Xuejun, Beijing Huaibei International Ski Resort)

and more comfortable, with greater appeal for junior and intermediate skiers.

There is also a ski school at Jundushan Ski Resort. The coaching team consists of professional athletes and elite alpine skiers. Among them, many have won championship and second place in major events at home and abroad.

Beijing Yuyang Ski Resort is well-known for its spacious elementary and intermediate ski areas and safe long advanced ski trails. The favorable ecological environment and the stable and mature instruction system have made it an outstanding company in Pinggu District. With the instruction of highly eligible ski instructors, it is no longer mission impossible for skiers to learn skiing from scratch. Before they know it, they will be experiencing the joy of the sport.

Chongli:
A New Era of Skiing Initiated

Chongli County, located in northwestern Hebei Province, was originally a quiet and peaceful county under the jurisdiction of Zhangjiakou City. The successful bid of Beijing-Zhangjiakou for the Winter Olympics attained Chongli worldwide fame as the venue for its skiing event. Some people may have been surprised by the choice of Chongli. With some knowledge of Chongli, you will find that its choice as the venue is scientific and rational, with nothing out of the ordinary.

"With frost habitually turned into ice in August, the

Street Lamps Fashioned after Snow Flakes in the Streets of Chongli

Da Bentou Ski Trail of Wanlong Ski Resort

frontier had its name spread to thirteen provinces. Here the snow comes whirling from the north and swallows migrate south; here nomadic grazing lives in harmony with farming. Here Wu Ding the founding emperor of Shang Dynasty commanded victorious battles to recover lost land and Qin began wall building to ward off the intruding nomadic tribes. After the three dynasties it ceased to be a desolate frontier region; sacrifices were offered to the past heroes of the battle field." The verses from Cumulative Snow on the Birch Ridge depict the magnificent scenery of the vast mountains of Chongli while reflecting its glorious and profound culture.

Now, Chongli boasts the largest mountain ski resort group closest to Beijing. It is also is the ideal venue for large snow events in North China.

Drive northwestward from Beijing through the mountains along the Beijing-Tibet Expressway, and one reaches Chongli in Hebei Province. Entering the county seat, one can apparently feel the omnipresence of ice culture. In the main avenue, a row of snowflake-shaped street lights first caught the eyes. The lamps are linked through a curved ski trail on one side. The flickering bits of crystal light makes one wonder if they are snow flakes dancing in the air.

Although one is instantly pulled back to reality, the delicate and poetic cultural charm exuding from Chongli County has revealed itself.

Of course, as the venue of skiing events in Beijing-Zhangjiakou Winter Olympics, Chongli has taken the lead in ski resort construction in China. Both ordinary skiing enthusiasts and the world's top skiers can experience the pleasure of skiing at ski resorts in Chongli. You can give full expression to your stunts there, whether they be swing, freestyle or off-trail skiing.

In line with national requirements, Chongli has built 102 advanced, intermediate and elementary ski trails with totaling 112 kilometers and 38 cableways and magic carpets totaling 25.9 kilometers. The hourly total capacity of ski cableways exceeds 40,000. There 8 advanced ski trails have been certified by the International Ski Federation. With its advantageous skiing facilities, Chongli has successively hosted 42 international and domestic events, including the Far-East Cup International Alpine Skiing and the Alpine Skiing Competition of the International Ski Federation. Meanwhile, it has become an ideal base for skiing training both at home and abroad, prompting the meteoric rise of popular ski.

Specifically, Chongli has built six large-scale ski resorts with various functions, including Wanlong Ski Resort, Genting Resort Secret Garden, Duolemeidi Ski Resort, Great Wall Ridge Ski Resort, Thaiwoo Ski Resort, and Fulong Ski Resort, each with its distinct features.

Among the 7 major ski resorts, the Wanlong Ski Resort in Honghualiang is the first open ski resort in China. It currently boasts 32 ski trails at advanced, intermediate

Thaiwoo Ski Resort of Chongli
(by Chongli Thaiwoo Enterprise Management Co., Ltd.)

An Aerial View of Genting Resort Secret Garden

and entry levels, covering 1.4 million square meters. The area of off-trail forest exceeds 2.3 million square meters in aggregation.

Wanlong Ski Resort is a gathering place for "seasoned" skiers and a "holy place" for ski enthusiasts. It has a long period of snow (from November to the next May). All 32 ski trails are equipped with snow cannons utilizing automatic snow-making system to ensure snow quality. The most distinct features of its trails are changeability and challenges. Active in the Wanlong Ski Resort, there are more advanced skiers honing their skills.

Nocturnal View of Fulong Ski Resort

(by the brand public relations department of Fulong Ski Resort)

There are also some "hornets" skiers who pride themselves on being able to challenge the "Da Bentou" slope, a brand trail of the resort and off-trailing skiing in its forest.

As suggested by its name, Da Bentou is an advanced trial with steep slopes. For skiers on this trail, it is difficult to see the rest section below. Only the boundaries nearby comes within sight. For ski beginners, Da Bentou is not appropriate. Actually, beginners venturing onto it are few and sparse.

In recent years, Wanlong Ski Resort has been developing. In addition to the ski trails, it has witnessed steadily increasing brand ski gear and cableways from home and abroad. In its hall of ski gear, there are thousands of sets of high-grade ski equipment for use by skiers at all levels. In order to popularize the ski culture, it also established a specialized ski school in the same year of its establishment. Over the years, it has played an active role in cultivating popular interest in skiing and promoting the healthy and rapid development of ski industry in China.

Unlike Wanlong Ski Resort, which is more suitable for professional skiers, Thaiwoo Ski Resort boasts elementary, intermediate, and advanced trails in the proportion of 3 : 4 : 3, thus satisfying the needs of professional athletic competitions and those of junior and intermediate skiers.

The greatest feature of Thaiwoo Ski Resort is the elementary ski area covering 150,000 square meters of artificial snow. In order to ensure the safety of beginners, the elementary trails are separated from the other trails and equipped with magic carpets and a detaching-type high-speed chairlift to improve the skiing efficiency of beginners and enable them to enjoy the pleasure of the sport with ease.

Aside from the elementary ski trails, Thaiwoo Ski Resort also has enough intermediate and advanced ski trails to provide skiers with a more exciting experience. It is worth mentioning that "Modern Dance", "Lambada" and other characteristic trails are about 800 meters long, to allow the joy of skiing and more special challenges for professional skiers.

The other 4 ski resorts besides Wanlong Ski Resort and Thaiwoo Ski Resort each has their own characteristics. For example, the Genting Resort Secret Garden, as a venue for many skiing events of the 2022 Winter Olympics, has actually boarded the shuttle bus to the Winter Olympics and hoisted the banner of the Chongli ski area. Covering an area of 100 square kilometers, it was built with a fund of 18 billion yuan jointly invested by two Malaysian companies and formally opened in 2012. Most of its executives are foreigners with expertise in ski resort management. The president, Lin Zhihua, was awarded "Outstanding Contribution Award for Friends of the Winter Olympics" by Beijing-Jiangjiakou Winter Olympics Research Center

Cultural Charm of Saibei Ski Resort

in October 2017. Genting Resort Secret Garden has been known for its comprehensive and quality service over the years. It is currently expanding its portfolio to welcome the Winter Olympics with full passion.

Great Wall Ridge Ski Resort is an alpine athlete training base invested by the Hebei Provincial Sports Bureau.

Fulong Ski Resort is a newly-built ski resort. It is also the first ski resort to open trials at night time. With seamless connection between the residential quarters and the ski trails, it is truly a resort fully accessible by skiing. The unique features have given it the momentum to surpass ski resorts preceding it.

In terms of modern public skiing, Chongli had an early start. In early 1997, Saibei Ski Resort the first ski resort of North China was established in Chongli County. It promoted the start-up and development of the tourism economy and the winter sports industry of the county. The spark kindled the sweeping fire of skiing in Chongli, and embarked it on the road to get rich through skiing. The opening of Wanlong Ski Resort in 2003 was another milestone for skiing in Chongli. As a worthy high-grade ski resort, it worked hand in hand with Saibei Ski Resort to make historic contributions to the development of the Chinese ski industry.

Chongli's success in ushering in a new era for skiing stems from its unique geographical advantages and natural endowments, as well as the efforts of ski resorts there to continuously update their services in view of the needs of skiers, and creation of the overall atmosphere of ski culture. It is the culmination of the unremitting efforts of successive leadership of the county.

For skiers, the grading of ski trails, the temperature and wind at the resort, the accessibility of ski trails and traffic, food, and safety facilities are directly related to the comfort and safety of ski experiences, and consequently the credibility among skiers. The leadership of Chongli and the owners of the various ski resorts have highlighted ski experience in a bid to provide skiers with a wonderful and unforgettable skiing experience. They have also become the focus of the Chinese ski industry and the founder of the large ski area debuting in China.

Miniature Ski Venues in Cities

Society is composed of more small organizations or individuals than large institutions. In comparison, small organizations may be inconspicuous, but their power, especially that to influence the historical process should by no means be overlooked.

Compared with large enterprises, small and medium-sized enterprises are smaller in scale and weaker in strength. However, the "ant batallions" consisting of small and medium-sized enterprises are an indispensable driving force for social innovation and economic development. Statistics show that 12.4 million SMEs nationwide have contributed to more than 80% of social employment, 60% of GDP and 50% of taxes.

Compared with large- and medium-sized ski resorts in the suburbs, the urban ski resorts are limited in scale due to urban planning and other reasons. However, in popularizing skiing and promoting the development of China's skiing industry, they are a force not to be underestimated.

On December 19th, 2009, the 1st Bird Nest Snow Season was officially held at the National Stadium in the Beijing Olympic Park. This symbolized the opening of the Bird Nest Ski Resort to the outside world, and the founding of a largest winter sports venue for Beijing residents and domestic and foreign tourists.

Although called the "Bird's Nest" Ski Resort, it is in

fact not within the Bird's Nest, but to its northwest corner called the "side field." Skiers going there for the first time may doubt whether it is too small compared to the ski resorts on the outskirts and whether there is sufficient ski atmosphere.

One visit there and skiers will have their deep-seated doubts dispelled. The Snow in the Bird Nest Ski Resort is smoother and whiter than imagined, and thus mellower. The famous 100-metre elementary trail is set against the Bird's Nest. The two big screens above it offer live broadcast of events in the Bird's Nest, contributing to its biggest feature. It can only be imagined that watching the performance in the Bird's Nest while skiing is a service not possible in off-trail skiing.

It must be said that although there is only one

elementary trial in the Bird's Nest Ski Resort, the service is unrivaled. The outstanding manifests include the newer ski-related clothing and utilities, the 30 coaches and many more inspectors. In fact, the snow hauler is sufficient to guard the safety of skiers. Skiers can never fall on this magical conveyor belt.

Integral to the Bird's Nest Ski Resort there are the numerous ice and snow games at the Bird's Nest. Entering the Bird's Nest, you can see the stage featuring a snow-capped mountain. There, warm-up performances are staged every day. The South Stand of the Bird's Nest is a snow circle area, highlighted by many ski trails of various designs. The slow snow circle has been popular with children and girls. In the northern part of the snow circle there is a snow-capped mountain, which furnishes a panoramic view of the Bird's Nest. There your can have a go at snowball fight, which is both funny and interesting.

North China has four distinct seasons. Winter snow is the most common natural phenomenon. In comparison, South China has higher temperature and rarer snow. However, the indoor ski resorts in South China are not inferior to the north. In Shenzhen, a southern city where it is like spring all the year round, in July 2000, the Alps Indoor Skiing Resort opened at Window of the World. As the first indoor ski resort in China, it is modeled on natural ski resorts, with an indoor temperature at around -5°C throughout the year. Even if the temperature in Shenzhen can be much higher, the Alps Indoor Ski Resort gives one the feeling of being in the middle of the snow-capped mountains.

The Alps Indoor Ski Resort boasts very scientific division, including the professional skiing zone, snow-circle skiing zone and the children's leisure zone. Skiers can choose the right zone based on age and proficiency.

It is also a venue for children to play in snow. There

The Hundred-Meter Elementary Trail at the Bird's Nest

Langyashan Ski Resort of Baoding

are small ski slopes and entertainment areas specifically designed for children. The children can play snowball fight with all kinds of simulation animals and tourists.

If you do not care ski or snowing, you can go to the snow viewing area on the second floor and look inwards through the huge floor-to-ceiling glass screen, for a panoramic view of the happy scenes below.

The Alps Indoor Ski Resort gives the world of ski a romantic and snowy touch, attracting more and more ski lovers and tourists.

Langyashan Ski Resort is located at the foot of the

Langya Mountain in Yixian County, Baoding City, Hebei Province. Completed in early 2012, it focuses on the development of eco-tourism and integrates the resources of surrounding scenic spots. It is positioned as a large-scale ice and snow theme park in China. It has a rich variety of items geared to popular interest, and offers a series of winter tourist products like snowboarding, alpine skiing, children's snow-play, snowmen contest, popular contest in snow sculpture, tug of war on ice, snow ring competition, snow circles, snowmobile and snowball fight. These fun events are relatively simple and safer, and are thus very suitable for the entertainment of popular tourists. Considering the needs of the masses, it has created fun skiing, children's cartoon amusement, DIY snow park, snow karting, snow rally, snow wedding, snow restaurant, and indoor and outdoor small rock climbing, car rally, mountain flowers, camping, mountain biking, paragliding, and slides according to seasons. Thu it has created the favorable situation of peak seasons in both winter and summer, with very good results. In 2016 alone, the number of visits to the Longmen Ski Resort and the income exceeded 20 million and RMB 30 million respectively, in testimony to its strong vitality.

Indoor ski resorts and entertainment parks in the cities, including the Bird's Nest Ski Resort of Beijing, the Alps Indoor Ski Resort of Shenzhen and Langya Mountain Ski Resort in Hebei Province are all well received by tourists. Compared with the larger natural ski resorts on the outskirts, they are entry-level junior ski resorts concurrently serving as amusement parks. However, they are favorably comparable to natural ski resorts in ski fun and convenience.

The miniature ski resorts in the cities can

Wanda Ski Resort in Harbin

also entertain great numbers of visitors. The Harbin Wanda Snow Resort completed in 2017 is the world's largest ski stadium. In the first few days of trial operation, the number of skiers "swarming in" reached several thousand. Jianfeng Dry Ski Resort located in the Olympic Forest Park in Beijing is a popular night spot, for hordes of young people and white collars in their spare time.

Skiing is a sport of competitive significance and physical fitness. For relaxation and adjustment in sports, the "miniature" ski resorts in the cities are indispensable.

Chapter 3

Inheriting Ski Spirit
and Developing Ski Culture

Prelude: The 13th National Winter Games of China

The blazing flame of the 13th National Winter Games of China (hereafter shortened as "13th Winter Games") not only brought people together in Xinjiang for the wonderful winter sports, but also illuminated path for the development of the Chinese ski industry, incurring untold potential for the development of the ski industry.

From January 20 to January 30, 2016, the 13th Winter Games was held in Xinjiang Uygur Autonomous Region. As the largest and top comprehensive winter sports event in China, it constituted a major test for the regional economic development and the proficiency of Xinjiang in hosting such an event. It was of great significance for promoting the economic development of Xinjiang by exploiting its abundant snow resources, and promoting ice sports in China.

Before the 13th Winter Games, Chinese winter games were almost exclusively held in Heilongjiang and Jilin, except for the 2nd National Winter Games of 1965 failed to hold, and the 4th National Winter Games of 1979 (with speed skating as the only item), which was jointly hosted by Shangzhi City of Heilongjiang Province, Urumqi of Xinjiang and Beijing Municipality. Hosting of the 13th Winter Games in Xinjiang was an important geographical migration.

Heilongjiang and Jilin Provinces were made the "dominant host" of the Chinese National Winter Games because of their unique advantages in abundant snow and ice resources. The Northeast has always been the headquarters of winter sports in China. For balancing the development of ice and snow sports in China, back in the late 1980s, the concept of "southward popularization of ice sports in the north" was proposed by competent authority managing winter sports. In the 2010 Vancouver Winter Olympics, the Chinese Winter Olympic delegation achieved a major historic breakthrough with five gold medals, sparking "a craze for snow sports" in the country.

Drawing on the victory at Winter Olympic Games, the Winter Sports Management Center of the State General Administration of Sports formulated the mid- and long-term plan for development of winter sports, highlighting the popularization of winter sports from North China to South China and expansion from North China to West China.

At the end of 2010, the Xinjiang Sports Bureau formally submitted the third application to the General Administration of Sports for hosting the 2016 National Winter Games. In the lapse of one year, Xinjiang finally stood out in competition against Liaoning, Hebei, Inner Mongolia and other provinces. The success of Xinjiang in its bid also stemmed from its snow resources on a par with Northeast China.

As it known to all, many alpine areas in Xinjiang are uniquely endowed for snow and ice sports--winter lasting up to six months, early snowfall, long snow duration, and good snow quality. Those have made it the first choice for enthusiasts of winter sports all over China.

In addition to unique natural resources, Xinjiang also has stadiums and other hardware facilities necessary for hosting winter games. There are more than 60 ski resorts in Xinjiang, of which 28 are at or above the S class. Many ski resorts are qualified for hosting events. The Silk Road International Ski Resort and Tianshan Tianchi International Ski Resort at the foot of the Tianshan Mountains have been the sites for the snow events of the "13th Winter Games" due to its superior comprehensive conditions.

The 13th Winter Games were held mainly in Urumqi and Changji Hui Autonomous Prefecture. Venues for the former included the Ice Sports Center of Urumqi and the

Silk Road International Ski Resort, where speed skating, short track speed skating, figure skating, ice hockey and curling, and alpine skiing were contested. For the latter division, Tianshan Tianchi International Ski Resort was the primary venue, where cross-country skiing, biathlon, single-boarding u-shaped venues, and freestyle skiing were contested.

However, it should be noted that due to the high cost of ski jumping facilities and their low utilization rate, ski jumping was held in advance at Yabuli Sports Training Base in Heilongjiang Province.

In Xinjiang, the ice and snow sports have a long history and a profound mass base. Following the development of modern ice and snow sports, local alpine skiing, cross-country skiing and other activities have become very popular. In many individual items and certain advantageous items, there have been many master athletes, including Liu Meifei, Zhao Zhihua and other domestic speed skaters. In the course of the 13th Winter Games, the local people were eager to participate. Liu Zhiqing the 81-year-old elderly was a loyal "fan" of winter sports. On January 26, 2016, he watched the figure skating competition at the Ice Sports Center in Xinjiang and said that it had been his greatest enjoyment of life.

Liu Zhiqing was a native of Northeast China, and skiing and ice skating were his most cherished childhood memories. After coming to Xinjiang, he had kept his hobby and dreamed of watching a high-level figure skating game in Xinjiang. When the day finally came, Liu Zhiqing said emotionally "I used to watch such games on TV. Now I knew watching the games live could be so different. It was so real and comprehensive. I was especially excited when the Xinjiang team appeared. I applauded as hard as possible with the other audience. I could feel everyone's enthusiasm for snow sports. " ①

Liu Zhiqing was a spectator of the 13th Winter Games on the site. He was also a witness to the development of

① *The 13th Winter Games Fills the People of Xinjiang with Pride and Hope, Xinjiang Economic News*, February. 3, 2016.

skiing in Xinjiang and the entire China. Thanks to the platform of the 13th Winter Games, the ice and snow resources of Xinjiang have been explored and used, contributing to the goal of "300 million people participating in ice and snow sports."

For the upcoming 2022 Beijing Winter Olympics, the 13th Winter Games is tantamount to a prior "major drill" that has "stirred up" the cold winter in Xinjiang. It has kindled the passion of the people in Xinjiang and the entire country. In this regard, the 13th Winter Games is justifiably considered a milestone for ski in China.

The winter sports competition presented in the 13th Winter Games constitutes not only the progress in the "southern dissemination of and western expansion of winter sports from North China", but also an epitome of the winter sports competitions. More commendably, it was held against the background of the vigorous efforts of China to develop ice and snow sports. It has promoted the participation of people across the country, including young people, in ice and snow sports. Equivalent to adding impetus to the ice and snow industry, it ignited the passion of people in Xinjiang and the entire country in snow and ice sports, promoting more and more people to participate in them, and consequently drawing the grand scroll of "300 million people in snow and ice sports."

World Skiers Gathered at Altay

The arrival of world skiers in Altay means that Altay has embraced the world, to become the focus of world skiing.

On January 16, 2006, the *Altay Declaration*, the document of great significance to the history of world skiing, was officially released, recognizing Altay as the origin of skiing in the world. Altay has had a ski history of at least 10,000 years. In comparison, the 5,000-year ski history in Norway, the 4,500-year ski history in Sweden, and the 8,000-year ski history in Russia were all eclipsed.

In fact, as early as 1993, Shan Zhaojian, China's first national ski champion proposed that "Altay region may be the origin of human skiing" in his book *How to Practice Skiing*.

On December 15, 2006, Altay City held the press conference "Altay of Xinjiang, China Being the Origin of Human Skiing" at the press conference hall on the first floor of the Great Hall of the People in Beijing. It solemnly declared that Altay was the earliest origin of human skiing. On January 16, 2007, Altay City was officially certified by the "Great World DSINS."

Altay City was officially certified by the "Shanghai Great World DSINS"

Since then, this statement was repeatedly cited in many books and academic papers published in China, and gradually became known to the Chinese people. However, for a variety of reasons, Altay's status as "the

Press Conference at the Great Hall of the People in Beijing

origin of human skiing" has not been widely recognized internationally.

During the decade from 2006 to 2016, Shan Zhaojian did a lot of publicity and promotion work, trying to promote the acceptance of "Altay being the earliest origin of human skiing" in the international community. He drew on each and every opportunity from contact with foreigners in China for communication and publicity. He also organized delegations to the Nordic countries, Germany, Switzerland, Austria and other countries, as well as International Ski Federation, to actively give lectures and books.

During an exchange in Finland, Shan Zhaojian responded to questions from local journalists. Faced with different views, Shan Zhaojian maintains an open mind. He believes that contending views are normal for the academic community and that they should be allowed to exist together until consensus is reached eventually.

The arrival of world skiers in Altay in 2015 further consolidated the international status of Altay as the cradle of human ski.

Altay—The Oldest Human Ski Area Badge for the 2015 China Altay International Seminar on Ancient Ski Culture

From January 14 to 18, 2015, the 2015 Altay International Ancient Skiing Cultural Exchange Seminar was held in Altay City, coinciding with the 10th anniversary of the publication of the *Altay Declaration*. This is an international ski conference held in China and the worlds' largest conference of its kind.

More than 30 experts and scholars from 18 countries and regions including Norway, Sweden Finland and the United States participated in the seminar. During the seminar, they communicated with each other in world ski culture and read out their research findings in the Altay region. They were further brought home the fact of "Altay of Xinjiang, China as the world's oldest ski area."

During the seminar, delegates attended the Altay City Photograph Exhibition, Altay City Museum and Altay Regional Museum. They also paid a visit to Laste Township to watch Kazak sheep scrimmage, girls in pursuit, horse racing and Mongolian archery. Meanwhile, experts and scholars also conducted investigation of the ancient ski culture and resources of Altay, and watched local ancient ski races and ancient ski manufacture by folk craftsman.

At the site of ancient rock paintings on ski founded in Handegate Township, experts and scholars inspected the rock paintings of Dundebulak ski hunting. The local people dressed in traditional clothes welcomed guests from afar

Altay—The Oldest Human Ski Area 2015 China Altay International Seminar on Ancient Ski Culture

with Mongolian customs, so that guests not only enjoyed the ancient rock paintings, but also experienced the charm of Mongolian traditional customs.

Shan Zhaojian can still recall the scenes back then, saying that "Some experts have come in doubt and left convinced."

Nils Larsen, an expert of ancient ski culture in the United States, attended the conference. He had also made several on-site investigations in Altay previously. In order to let more people understand the history and culture of the ancient skis in Altay and call for its better protection and excavation, he turned the data collected for demonstrating the origin of ancient skis into a DVD for viewing and research by experts and scholars from various countries.

Ms. Karin Berg, Curator of Holmenkollen Ski Museum, had always been interested in the ancient skiing in the Altay region. She said that "the modern world of skiing has originated in Norway and other Nordic countries; however, Altay of Xinjiang is the only place today where ancient ski traditions are preserved and ancient skis are

Chinese and Overseas Experts Publicizing *2015 Altay Declaration*

made." Karin Berg also quoted the conclusion of the Norwegian polar explorer Nansen.

Early in the 1920s, the Norwegian polar explorer Fridtjof Nansen completed the feat of crossing Greenland wearing skis and pushing a sled, causing a sensation in the world. The influential figure in the world history of ski wrote in his book that skiing had originated from the Altay Mountains to the east of Norway.

Through this field visit to the Altay region, Karin Berg became supportive of the theory that Xinjiang Altay was the world's oldest ski area and the cradle of human skiing.

In addition, she also put forward her own suggestions for the development of the snow industry in Altay. "Altay may want to combine its advantageous ski resources and ski culture. I hope that Altay can make better progress in this aspect. I believe that it will become an inclusive tourist city and individual tourist center embracing diversity." He also recommended that "local special funds be set up for studying the culture from which ancient skiing originated and better protecting cultural heritage."①

Snow culture is the cornerstone of the development of snow sports. Investigation of traditional Chinese snow culture will help enhance our cultural self-confidence, help create a favorable atmosphere for the Winter Olympics, and add a cultural impetus to "engaging 300 million people in snow sports."

---

① *Experts Recommends Integrating Ancient Ski Culture into Altay Snow Tourism,* Xinjiang News Online, January 19, 2015.

Appendix: *Declaration of Experts at the 2015 China Altay International Seminar on Ski Culture Exchange*

We are researchers of ski history and related fields. From January 14 to 18, 2015, we gathered in Altay City, Xinjiang, China, to participate in the "Altay--the Oldest Human Ski Area—2015 China Altay International Seminar on Ancient Ski Culture."

After discussion and consultation at this seminar, we have reached the following consensus:

1. This seminar has effectively integrated conference communication and field trips, with an outstanding theme and rich content. We are convinced that it will have a positive and far-reaching impact in China and the world. We would like to extend our heartfelt gratitude to the organizing committee for its meticulous arrangements. We fully respect the scientific research and records on the history and culture of ancient ski in Altay, China.

2. Altay of Xinjiang, China is the world's most important area for ancient ski. It is not only a valuable legacy in the history of human skiing, but also a major contribution to the world ski culture. We fully affirm and support the professional achievements of the People' Government of Altay and Chinese experts.

3. We advocate that Altay should continue to promote the ancient ski tradition and pass it on from generation to generation.

4. We hope that a strong cooperative relationship can

be established with countries around the Altay Mountains for sharing knowledge, information and results in a timely manner.

Finally, we are determined to carry forward the ancient ski tradition of Altay and promote the prosperity of the world ski culture.

January 18, 2015 in Altay City, Xinjiang, China
(Note: The 2015 *Altay Declaration* has been translated into English, Russian, Kazakh, and Mongolian)

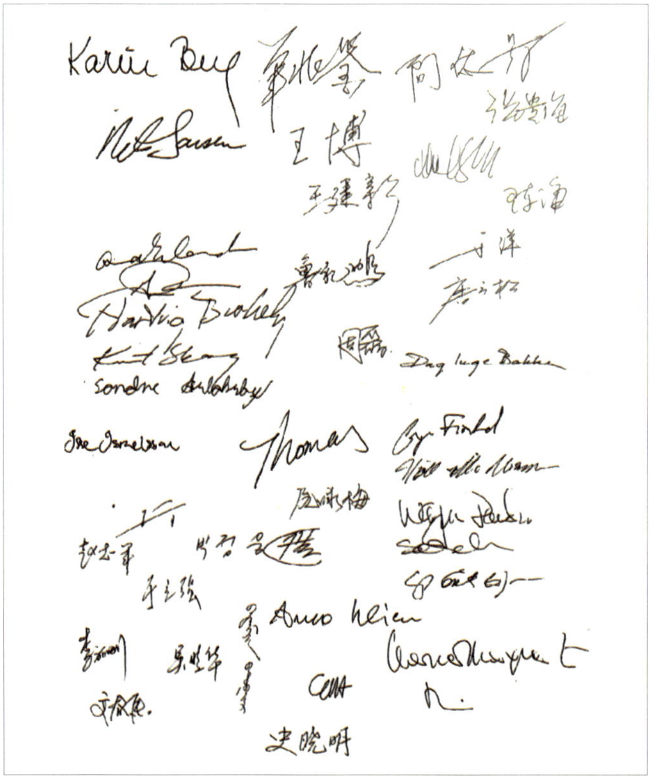

Signatures of Experts and Scholars

Ancient Ski Contest: Ski-Hunting Resurrected

With the changes of the times, life is changing with each passing day. However, tradition and modernity can still coexist for a while and blend in collision.

Against the rapid development and popularization of modern skiing, the Altay region still retains the ancient tradition of fur skiing. The ancient skis made of pine and horse hair are exceedingly practical in that they can be used for both cross-country skiing and alpine skiing.

Although there have been many records from memory on snowboarding and ancient skiing in Chinese and foreign history books in the past 2,000 years, Uriyanghai, Tuva, Mongolian herdsmen and Kazakhs from Altay, China still keep intact and inherit the tradition for making ancient skis and launching ancient skiing.

Until today, the ancient snowboarding based on fur skis is still launched.

Since 2006, Altay has held an ancient fur ski competition annually. Over 100 peasants and herdsmen selected from all cities and counties were contested in the event, influencing and attracting local young people. Their use of the local hand-made "Altay ancient fur skis" in ski competitions has ensured the inheritance of fur ski manufacturing and gradually turned it into an internationally fashionable event.

At present, the ancient ski competition in Altay

consists of two events, namely the "sled" relay race and the individual race. The other competition held in Kanas-Hemu is known as "biathlon" for combining skiing with archery. Selected from local farmers and herders, the athletes are locked in fierce competition on the white snow, riding on fur skis and wielding single-rod ski stick and arrows and bows on the archery field.

On January 16, 2016, in the service center of Jiangjun Mountain Ski Resort in Altay, teams were arranging their costumes, team flags and fur snowboards before the competition. The ancient ski race for that day was only one

Ancient Fur Ski Contest

of the opening events of the Altay International Ice-Snow Tour in China; however, all athletes approached the event with all the seriousness required of any contest.

Baturiza habitually tightened his belt and adjusted his ski cap. He took the cup of milk tea from an aunt and finished it in one gulp. Then he ordered his team to check the gears and prepare to set out!

Dalinka, former teammate of Baturiza, rejected the Aunt's milk tea with gratitude. He was once an anchor of the ski team, winning gold medals for ancient snowboarding at all levels. However, in recent years, his

Ancient Fur Ski Contest

ancient snowboarding career was terminated due to weight gains. He was quite self-aware, claiming that "I won't be a drag on the ski team and I am willing to serve it."

The ancient snowboarding competition in Altay is just like that. From the words and deeds of the two snowboarders, we can see that all participating players will do their best, regardless of the size of the event and the amount of prizes. .

The existence of ancient ski races is intended not only for commemoration, but also for inheritance.

On the first day of the 2016, a unique ancient snowboarding competition for children under 10 was held at the Ninth Snow Festival held in Hemu Township of Xinjiang Kanas Scenic Area. Among the children, Ayuna a 6-year-old Mongolian girl from the Tuva Tribe was particularly eye-catching for being the only girl contestant. Also eye-catching there was her father Maliqin, champion of various fur-snowboarding competition. He was not only the idol of his daughter, but also the pride of the ancient ski culture at Altay.

The 14-year-old Uryin Murat is a student of No.1 Senior High School in Altay City. Under the influence of his father, he had been practicing ancient snowboarding for two years. In the ancient ski race held in Altay City in 2016, he finished ninth. ①

However, inheritance does not equal adamancy. Uryin also participated in two modern national alpine skiing competitions. During the first competition five years ago, he was picked out by a talent scout of the Sports Bureau of Jilin Province. However, his father rejected the offer because he was too young back them. No one knows what will become of him in the future. However, he can be expected to have a bright future, for integrating ancient ski and modern skiing.

Around 10 o'clock in the morning, Uryin and his party would practice at the Silk Road International Ski Resort. Each time, they would glide down the hill in neat formation and repeat the exercise over 20 times a day. The reason for them to endure the hardship is that they had clear goals for the Beijing Winter Olympics—not only to bring honor to China, but also to show the ancient ski to the world as descendants of the sport.

Nils Larsen the American expert on ancient ski culture once said that "There are mountains and snow in other parts of the world, but none is comparable to Altay in historical roots. The brand of being origin of ancient ski can be

---

① *Ancient Skiing Shows Inheritance of Xinjiang Snow Culture, Xinjiang Daily*, February. 1, 2016 drawn on for promoting modern skiing. The combination of ancient skiing and modern skiing interest ski enthusiasts for being unique in the world." [1]

On November 25, 2016, the 11th China Xinjiang Winter Tourism Industry Trade Fair cum the Snow Festival of Western China was opened at the Xinjiang International Convention and Exhibition Center. At the opening ceremony, the ancient ski team of Xinjiang was formally established. It consisted of over 20 members, all of whom were ski enthusiasts from the Altay region.

Tradition is the predecessor of modernity, while the future can attain greater glory by drawing on tradition and modernity. As modern skiing becomes more popular, ancient skiing has also moved from backstage to the foreground, playing an increasingly important role in showing China's long ski history and the charm of the sport for people around the world.

---

① *Altai Recognized Internationally for Being the World's Oldest Ski Area*, Xinjiang Tianshan Net, January 20, 2015.

Tuva Herders Skiing into Future

In discussion about Altay being the cradle of skiing, full justice should be given to the contributions of generations of local herders.

As the most convincing evidence corroborating Altay as the origin of human skiing, figures standing on snowboards and wielding wooden sticks depicted on the rock paintings at the ceiling of the rock shed in Dundebulak valley in Handegate, Altay are strikingly similar to Altay farmers and herders in skiing today. The ancient fur skis passed down from Altai in modern times have restored the earliest human skiing scenes.

Tuva is a tribe good at ancient skiing since ancient times. At present, there are 6 Tuva settlements in Altay, mainly in the vicinity of the Kanas Scenic Area in Xinjiang. Its population of fewer than 2,000 is distributed in 3 villages, namely, Kanas Village, Hemu Village, and Baihaba Village. Kazakh language is used for communicating with the outside, but the Tuva dialect—a rare language in the world--is used in private. [1]

As a nomadic people gradually forgotten, Tuva herdsmen have a close bond with skiing. Thanks to the rise

① *The Mysterious Tuva People, The Grand Garden of Science*, No. 22, 2010.

of modern skiing, they once again came into the limelight.

Hundreds of years ago, in the winter of 7 months in Kanas, Xinjiang, Tuva herdsmen sped through the Altay Mountains on their ancient fur skis, in pursuit of their prey with homemade bows and arrows. In the recent two decades since the prohibition of hunting, the Tuva herders have not shelved their fur skis, but instead used them in daily transportation and competition.

Tuva herders have an indissoluble bond with skiing. The local elderly can still recall the scene 20 years ago: Whenever the door of the wooden house was opened in the morning, a wall of snow would meet the eye. Back then, in order to carve out a road to school for the children, the father would often shovel a road to the stables and start clearing a path. The path cleared by various households eventually converged into a snowy thoroughfare leading to the school.

Since 2008, the Tuva herdsmen have repeatedly achieved outstanding results in ancient fur ski races held locally, and have won consecutive championships in ski competitions of Xinjiang and even Asia. Skiing has become a new spiritual sustenance for Tuva herders.

On December 30, 2011, Maliqin the 33-year-old Tuva herder won the championship at the 4th "Hemu" Cup Ancient Skiing Invitational Tournament cum the 5th Ice and Snow Festival in Kanas. At this point, he had won 11 ski championships in 3 years, including one for the Extreme Group of the 2011 Asian Mountaineering Ski Championships jointly hosted by Asian Ski Mountaineering Federation and the Chinese Mountaineering Association.

Maliqin was originally a famous carpenter in Hemu Village. He could make anything from timber, including wooden houses, fur skis, bows and arrows, wooden bowls and wooden toys. His clan had trained excellent hunters every generation.

However, like many champions, Maliqin had a rough time on his journey to become the ski champion. In 2008, local herdsmen were sent to Altay City for the first time to participate in the 3rd Ancient Snowboarding Competition. He came 18th among all the 80 athletes from 9 teams. Talking about the reasons for the defeat back them, he was frank, "At that time, we were like horses that had just left the mountains. Untrained and fat, we could barely move on ice." ①

Lessons are spurs. Since then, Maliqin began to strengthen his training, making up his mind to become a champion "race horse." He would run at least 5 kilometers a day to enhance training. The rewards were fairly timely. In January 2009, one year later, he won the ski champion at the first "Hemu Cup" ancient ski-hunting invitational tournament, an event attended by 50 athletes from 5 teams from the Altay region. In January 2010, he won the championship in ancient fur snowboarding in Altay.

Each time he won a ski championship, Maliqin was awarded a modern snowboard as a prize. As can be seen from the veneer, mountain board and cross-country board, he was a frequent guest of the awarding podium for ski championship. After each game, he would go into the mountains with young Tuva youths in the village and practice skiing with ancient fur skis and modern skis. Born in 1998, Souk, a rising star, not only inherited the skills of fur skiing, but also adhered to modern snowboarding, making progress every year.

In order to present to the world more skiing champions like Maliqin, Hemu Kanas Mongolian Township continued to tap the potential of the Tuva herders to promote the realization of their skiing future.

In January 2010, during a the skiing trip of herdsmen to the Urumqi Silk Road International Ski Resort, Hemu Kanas Township learnt that the Xinjiang Mountain Skiing Competition was to be held on January 31. It enrolled Maliqin and another Tuvian herdsman in the contest. As a result, the two Tuva herdsmen easily took the championship and runner-up.

Since then, the Tuva herdsmen opened a door to ski competitions held in the outside world with higher standards. On March 10, 2011, at the Asian Mountaineering Ski Game co-sponsored by the Asian Mountaineering Ski

---

① *Approaching the Ancient Memory of Altay, China National Tourism*, 2013: 130-139.

Federation and the Chinese Mountaineering Association, Maliqin and another fellow herdsman again won the championship and runner-up respectively, against the competition of 48 players from Asian countries.

Tuva herdsmen have a close relationship with skiing. Before the Spring Festival of 2013, Nielsen the U.S. professional ski instructor came to the Ashabarak Village in Kanas to study ski history. He stayed with the family of Bayan, a local hunter. A few years ago, he had skied uphill with Bati and Bate, two sons of Bayan. Nielsen still remembers that when the 17-year-old Bati dashed downhill after mounting a modern snowboard for the first time, with all the ease of a veteran. The 15-year-old Bate was a bit shy at first. After practice for a while, he adjusted himself and plunged down the hill with the snowboard. Tuva herdsmen's skiing "talent" has since been deeply impressed in his mind.

At the closing ceremony of the "13th Winter Games" in 2016, Tuva herders became the highlight of the show as they performed the ancient fur skiing. With the rise of the Chinese ski sports and with the continued spread of the ancient fur ski culture at home and abroad, the future skiing dream of the Tuva herders will no longer be merely a dream.

When Skiing Becomes a Lifestyle

Skiing is not simply a sport. It is also a lifestyle and a healthy and stylish way of life.

Skiing was initially invented by our ancestors for adapting to the environment and avoiding dangers. It was intended for hunting and transportation, before being used by the Nordic countries in combat from the 14th to 16th centuries. Later it evolved into a competitive sport. And now, it has become an everyday exercise, gradually entering the life of ordinary people. For some people, it has even become an essential part of life.

Lu Jian, founder of Heilongjiang Yabuli Ski Resort and the Beijing Nanshan Ski Resort, is an out-and-out "snowboarding enthusiast" with profound passion for skiing. "Ski is an addictive sport. Once you have the first experience with it, you can't hope to get rid of it this life. You will feel awful for being unable to go skiing in winter! The sight of snow is just as tantalizing as the sight of fish by a cat." [1]

With a Ph.D. in Economics from Wuhan University, he once served in the Chinese governmental agency in charge of economy. In 1994, he discovered the charm of skiing

---

① Jia Lijuan, *Ski as a Way of Life, China Business Post*, Nov. 24, 2007.

Lu Jian Photographed While Skiing

at the Verbier Ski Resort in Switzerland. From then on, he just couldn't stop himself. In 1995, he helped building Yabuli Ski Resort, China's first large-scale public ski resort, making great contributions to promoting the development of ski in China.

Lu Jian is not alone to have his life changed by skiing. Some may know Xia Yu as the famous actor starring in the film In the Heat of the Sun and the youngest internationally recognized best actor in history (Best Actor at the 51st Venice Film Festival). However, few know that he also won a ski championship overseas. In addition, he was made commentator for the ski events of the Sochi Winter Olympics.

Xia Yu's life began to change with extreme sports. Of tender health since childhood, he attained a strong physique through skateboarding and gained self-confidence, thus wining the chance to star in the life-changing movie In the Heat of the Sun. It would only be natural for him to take a fancy to skiing later on. When acting as a guest to the Amateur Ski Competition at the Swiss Mt. Titlis in 2006, Xia Yu took part in the competition impromptu and won the championship. The hobby of skiing has since stayed with

Popular Skier in Practice

him till this day.

Each year, he would take the time out to the ski field and skiing has become part of his life. In commenting on skiing, he said feelingly, "Ski calms the mind and enables experience with the beauty of life and nature. No places are the same in scenery." [1]

---

① *After this, you will fall in love with skiing*, Sohu Fashion, January 17, 2017

As an outdoor sport, skiing holds the greatest appeal probably in making possible a robust physique while enabling the feeling of close contact with nature.

Winter is often a risky period, with high incidence of depression. The data shows that mental workers who have poor physical fitness or who rarely participate in physical exercise and those who are habitually sensitive to cold weather are more likely to suffer from "winter depression." As we all know, the best way to eliminate depression and moodiness is sport, while skiing is irrefutably the best choice.

Of course, compared with sports like jogging, football and basketball, skiing has more stringent requirements. However, it is a fashionable and natural sport featuring social networking, which has cemented its irresistible appeal. Virtually all those who tried to relieve depression through skiing have expressed good feelings after skiing. The sense of being relieved of psychological burdens, especially the ease during speedy drop, defies description even with the most beautiful language.

A 39-year-old founder of a financial company is also a skier with four years of experience in the sport. Before taking to skiing, he felt physically and mentally exhausted because of busy work. At the suggestion of a friend, he tried skiing just for the purpose of exercising, unsuspecting that one day he would fall in love with skiing.

His first skiing experience was impressive enough. Just as the saying goes, "Newborn calves are not afraid of tigers." As a green hand without skiing experience, he mounted on his ski boards and took the intermediate trial. The result was only conceivable because he did know any skill. He literally crawled his way down, between tumbles. Fortunately, he met halfway a kind "fellow skier", who helped him finish the trail, enabling him the feeling of flying" for the first time.

From then on, he became obsessed with the sensation of "flying." Each time, he would experience an unprecedented sense of accomplishment, as he stumbled into the ski on snowboards and skied straight down.

Skiing not only relieves stress but also helps losing weight. According to tests, a skier at normal speed can consume 734 calories in one hour, equivalent to calories burned in 9.5 kilometers covered in one hour of jogging.

In addition, skiing can also exercise various organs. Exercise in the cold air of the ski field actually constitutes a test of the body's oxygen transport system. During the while, the cardiovascular contraction is exercised. Skiing requires maintaining balance in switching the center of gravity. It is an all-around exercise and improvement of the nervous system. It involves a large amount of exercise at a high speed; therefore, it can increase lung capacity and fully exercise the leg muscles.

With the popularization of skiing, more and more people have chosen it, for exercising and spiritual satisfaction in the process.

Life in a busy city for a prolonged period of life means increasingly heavy pressure and fierce competition, as well as faster and faster pace of life, which steadily jeopardize the mood and the color vision. Skiing offers a diversion, an experience completely different from the routine, allowing your mind and body to be purified.

Blend into that silvery white, appreciate the beauty and purity of the wilderness in the sport, listen to the whistling winds at high speed and vent your long-suppressed emotions. The original dark mood heart will lighten up for the white snow, blue sky, the bright ski suit and the smiling face around. Have you found that those who ski have a confidence unrivaled by those who do not? When you share your skiing experiences and feelings with friends who have never skied, you can expect envious eyes and heartfelt admiration from the standers-by.

Today when the campaign of "Let's do sport" gradually reaches full swing, just walk out of the greenhouse, begin your fight against the snow in nature, and leave behind your own concerns. You will experience supreme pleasure in having your life under control. You will find your life and routines become more relaxed.

Shan Zhaojian the 80-year-old senior skier of China has spent his entire life with snow. With a close bond with skiing and 66 years of expertise in the sport, he belongs to the first generation of skiers in China. He is also the first ski champion of China, and the manager of Chinese ski, with numerous titles and papers on the sport. After 13 years of strenuous research, he confirmed that "Altay is the earliest origin of human skiing." Even now, he is still active in many fields of skiing, giving display to his expertise. In addition, he has made a point of skiing. Drawing on his lifelong understanding of the ski culture, he composed the *Song on Life Benefits of Skiing*.

Song on Life Benefits of Skiing

For children, skiing ushers in a healthy start for robust growth.

For youngsters, skiing incurs fun and pleasure.

For those in prime, skiing helps vitality and relaxation.

For the elderly, skiing promotes enjoyment of old age and longevity.

For families, skiing promotes emotional bond and "moderately well-off life."

For teams, skiing broadens vision for forging ahead in the new era.

For the public, skiing enhances health, while "advantages in sports can be translated into national strength."

Beginning with Children

On the white snowy road, a group of children wearing thick ski suits and helmets glided once and again down the trail under the escort of ski instructors. Like dancing notes between the heaven and the earth and leaping spirits on the snow, they are having a taste of the infinite happiness from snow sports.

As they sped across the snow freely, they are physically exercised, and mentally relieved!

Skiing in China has been developed and popularized only in recent decades, while children's skiing has been understood and accepted by young parents only in recent years. After the success of Beijing's bid to host the Winter Olympics, promoting skiing among children has taken on epoch-making significance. A core of promoting mass ice sports consists in mobilization of adolescents for extensive participation. In particular, popularizing ice and snow sports on campus can directly cultivate the students' love for them, and in turn drive the participation of the families and the entire society.

At the 128th plenary session of the International Olympic Committee held in Kuala Lumpur on July 31, 2015, Liu Yandong the then Vice-Premier of the State Council stated on behalf of the Chinese government that if Beijing was awarded the right to host the 2022 Winter Olympics, 300 million Chinese, especially the youngsters, would be encouraged to participate in the ice and snow sports in various ways, thus promoting the winter sports the world's most populous country. China will vigorously disseminate an active and healthy lifestyle to enhance the public's constitution and build a healthy China, so as to better realize the people's dream for a better life." [1]

With the success of Beijing's bid to host the Winter Olympics, it has become a top priority to promote the participation of 300 million Chinese, especially young people, in the ice and snow sports in various ways. There are 270 million youngsters in China. With their participation, engaging 300 million Chinese in ice sports and promoting the grand development of ice and snow sports can be turned from a dream into reality.

Chinese athletes have repeatedly made outstanding achievements in the Winter Olympics many times, but the limited skiing population is undoubtedly the biggest disadvantage for Beijing to host of the Winter Olympics in the eyes of ice sports enthusiasts. The reality is that the popularity of ice and snow events among young people remains worrying indeed.

After Beijing won the right to host the 2022 Winter Olympics, nearly 30 elementary and middle school students in Beijing were randomly picked by the media for interview. The vast majority of them replied that they had never had any ice and snow sports. None of them had gone to classes on snow sports. All had little knowledge about them.

The reason is that prior this, China had focused on competitive sports, giving little room to ice and snow sports. With the entire country committed to promoting mass participation in ice and snow sports, China is in the best position to promote the ice and snow sports, given the opportunities presented by Beijing Winter Olympic Games and the tendency of China in developing the sports industry.

In fact, to increase the population participating in ice and snow sports and make more people love the sports,

---

① *Beijing 2022 Winter Olympics Delegation Makes Official Statement to IOC a Candidate City* , People's Daily, August 1, 2015 since the 1990s, Heilongjiang Province has launched the "Ice Sports for Millions of Teenagers." Meanwhile, the General Administration of Sports proposed "Southward Dissemination and Westward Expansion of Skiing from the North" and formulated "Corridor Project for Ice Sports" and "Ice and Sunshine Project", attracting millions of young participants in ice sports and promoting them to a wider area.

Now, in order to help Beijing organize the Winter Olympics, all localities have begun to draw on the strength of the entire society to tackle outstanding ice and snow problems. Young people have become the main force of ice sports. It is reported that Harbin, Mudanjiang, Yichun, Qitaihe and Daqing of Heilongjiang have included ice and snow sports in high-school admission exams. Beijing has also established 52 municipal schools on ice and snow sports.

On November 2, 2016, the Development Plan for Ice and Snow Sports (2016-2025) was promulgated. Jointly formulated by the General Administration of Sport of China, the National Development and Reform Commission, the Ministry of Education, and China National Tourism Administration, the Development Plan requested that ice and snow sports items should be included in the syllabus of winter physical education in elementary and middle schools in North China in view of their circumstances and relevant courses should be offered in their counterparts in South China together with ice and snow stadiums or clubs. The number of schools on ice and snow sports should reach 2,000 and 5,000 by 2020 and 2025 respectively. By 2020, training of 5,000 full-time and part-time regular instructors should be completed. ①

Heilongjiang Province has been exemplary in promoting youth skiing. To improve the physical fitness of teenagers and promote their overall development, the Department of Education of Heilongjiang Province has stipulated that primary and secondary schools at all levels

---

① *Pupils and High School Students Required to Learn Skating and Skiing? The Snow Industry of China Expected to Reach RMB 1 Trillion in 2025*,Shanghai Observer,Novermber 3， 2016 should offer ice-snow classes over 5 weeks each semester. At the same time, ice and snow items should be included in the entrance examination for senior high schools. This measure has effectively stimulated the parents' enthusiasm. Now, hiring instructors to teach skiing to the children and play ice and snow games with them have become a sight in Heilongjiang Province.

At the beginning of 2017, the Conqueror Crew Champion Challenge, a "Snow Baby" snowboarding competition for teenagers organized by the Ski Federation of Heilongjiang Province cum the "Soaring with 2016-2017 Champions" event officially launched. The event attracted 124 participants of the "Snow Baby Experience Season for Junior Skiers" from the United States, New Zealand and Chinese Hong Kong SAR, Xinjiang, and Beijing.

Also at the forefront of promoting teenager ice and snow sports there is Beijing. In the morning of March 7, 2016, Beijing officially released *Opinions of the Beijing Municipal People's Government on Accelerating the Development of Ice and Snow Sports (2016-2022)*, together with seven supporting plans. The first plan promulgated by a local government for developing ice and snow sports, it clearly defined seven core tasks in this regard, including ice and snow sports for teenagers.

Under the promotion of policies, the Youth Skiing Campaign in Beijing reached full swing. On January 23, 2017, the 2016-2017 Beijing Youth Ski Competition was held at the Nanshan Ski Resort in Miyun. A quota was imposed on contestants, and some parents even tried "back door" deal. Despite this, it still became the event of its kind with the largest scale and most contestants in Beijing. From this event we can gain a glimpse of the enthusiasm of youths in skiing.

Most of the young participating athletes were fully justifiable "second generation of skiers." Lu Yi, who came third in the Girls' Alpine Ski for the Elementary School Group, was only 7 years old, but had begun learning to ski with her mother at the age of 4. Wang Bingsen, who won second place in the Junior High School Group for Men also learned to ski with his mother at 4. Through skiing, he had made more friends and augmented his happiness.

Skiing was the best relaxation from tiring school hours. The ski enthusiast had set the goal of "taking part in the 2022 Beijing Winter Olympics."

According to a principal of the Beijing Municipal Education Commission, Beijing will continue to work hard to promote the ice and snow in the classroom, so that all students may experience and enjoy the fun and charm of snow sports.

Juvenile advantages can be translated into national strength. In the Nordic state Norway, there is a saying that "Norwegians are born with skis on their feet." With a population of only 5 million, Norway has always been a power of winter sports. In the history of the Winter Olympics, it won 329 medals, topping the world. The cross-country skiing, a favorite for medals, has been traditionally an advantageous event in Norway. Its outstanding results are attributable to the extensive popular foundation of skiing, especially among the young.

In Norway, skiing is a national sport that begins with "children." It is not uncommon to learn skiing at the age of 3 there. In elementary school, skiing is a required course and the school has legal skiing holidays. In parks, snowboarding children accompanied by their mothers can be seen everywhere. There are even babies sitting in sleds. Every winter, more than 50 ski competitions are held at the Holmenkollen Ski Jump in Oslo the Norwegian capital, attracting over 6,000 children participants.

Through various ski sports, the children can not only get closer to nature and enjoy the wonderful outdoor life, but also enhance their physical fitness and achieve comprehensive development in morality, intelligence, and physique.

Trillion-Dollar Ice Business

The development of any industry is inseparable from the surge in user demand, the promotion of policies, or the force of capital. Under the combined effect of the three, China has ushered in the golden 20 years for the snow industry.

As Beijing and Zhangjiakou won the right to host the 2022 Winter Olympics, a tremendous opportunity for development has been presented for the Chinese snow sports. Moreover, in recent years, a series of documents has been released, including the *13th Five-Year Plan for Sports Development, Winter Sports Development Plan (2016-2025)*, and *National Snow and Ice Facilities Construction Plan (2016-2022)*. Clarified safeguards and policies have added to the zeal of ice and snow sports throughout the country. The "cold resources" of ice and snow are gradually turning into a hot industry.

According to relevant data, the Winter Olympics will prompt 300 million Chinese people to participate in the ice and snow sports. By 2020, the market size of China's snow industry will reach RMB 600 billion, and by 2025 it will exceed RMB one trillion.[1]

---

[1] *Ski Industry Target: The Total Market Size to Reach RMB One Trillion in 2025*, interface news, February 23, 2017

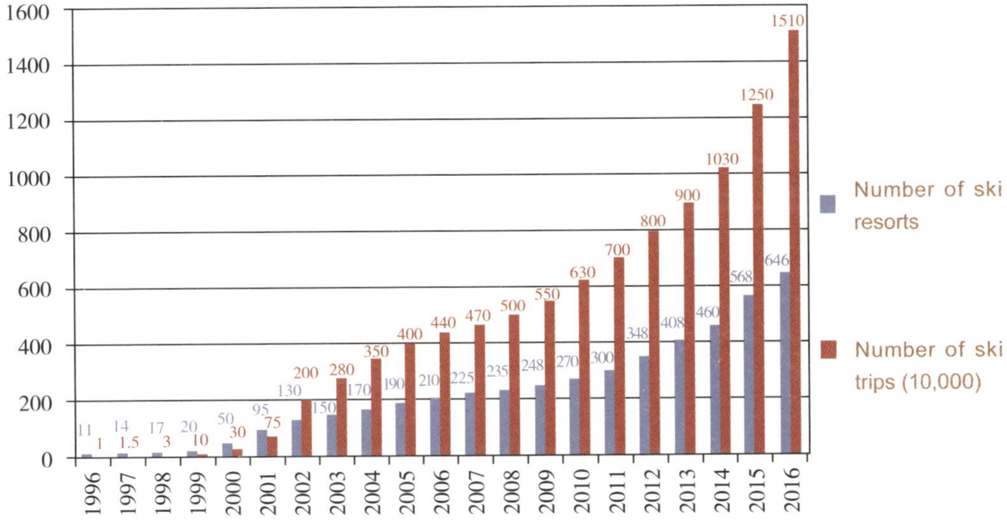

Skyrocketing Ski Resorts and Ski Trips

Undoubtedly that is an ambitious goal, but it can be achieved, judging from the current development trend.

User base is a reservoir for industrial development. The reason for WeChat to become a highly sought-after business platform is its vast number of users. Recent years has seen rapid increase in ski population in China, thanks to its improved popular living standard and changing lifestyles. According to data from the Blue Book, in 2016, ski trips in China totaled 15.1 million, and 11.53 million people were involved. To put those figures in perspective, it should be noted that 20 years ago, there were only 9 ski resorts in China, and the number of people frequently skied were under 1,000.

Meanwhile, figures on ski-related facilities are on the rise. In 2016, there were 646 ski resorts in China, up by 78 over 2015. The numbers of aerial ropeways and snowmaking machines were 226 and 5180 respectively, up by 198 and 4,000 respectively over the year 2015.

The morning sun rising over the snowy horizon of Altay

The industry chain of the snow industry is very long, covering gears, venues, events, training, entertainment, tourism and so on. Let's put aside the above macroscopic data, and look at the potential business opportunities for each additional ski customer instead.

As more and more Chinese swarm into the ski resorts, the number of skiers wearing down jackets on the trails will decrease. And more skiers will be wearing protective gears for safety.

The market scale and prospects for ski gears including helmets, glasses, hats, and gloves should by no means be overlooked. The price of a set of entry-level equipment costs at least one thousand yuan. For intermediate brands, the price for ski suits alone can be anything from RMB 3,000 and 5,000, while that of top-grade ski suits can be several dozen thousand yuan.

In addition to some indoor venues, ski resorts are often located far from the urban areas, furnishing market space for transportation and accommodation. Take a ski trip to Chongli from Beijing for example. The cost of each trip exceeds RMB 500, including expressway tolls, car fuel, ski tickets, and economic hotel accommodation. If you happen to be a skier fan, the cost can be even higher, because the ski tickets are "increasingly expensive." The sales volume of various ski cards has been increasing year after year. For example, the price of an all-season card for one ski resort in Chongli is RMB 12,800.

Aside from equipment and venues, ski training is also a market with great potential. Skiing is a sport with skill and safety requirements. So most skiers would hire ski instructors. With the increase of ski enthusiasts, the gap in ski instructors has become more apparent. At the current market level, the cost per hour for a ski instructor is RMB 200 to 300. During holidays and weekends, the ski instructors' appointments are always full.

The market for children and teenager ski instructor is even hotter, compared with that for adult ski trainers. Wanlong Ski School was received with lukewarm enthusiasm when it first opened a children's skiing winter camp in 2008. Two courses were offered for the entire snow season, and the number of trainee was under 20 for each course. However, in 2014, situation took a drastic turn opposite: eight courses were required in one snow season, with over 200 students for each!

Ski-related "businesses" have become hot, with hiking transactions. According to the Blue Book, the scale of online transaction for the ski industry including ski tickets, ski lessons, winter camps, and hotels totaled RMB 27.3 million, exceeding five times that of 2015.

Capital is among the earliest to perceive the growing popularity in the ski market. In recent years, the enthusiasm of capital to invest in the snow industry has also risen sharply.

In 2012, Dalian Wanda Group invested RMB 20 billion to build Wanda Changbai Mountain International Resort. A total of 43 ski trails amounting to 40,000 meters in length were built following the ski market resort model.

The resort also accommodated several luxury hotels including Hyatt, Sheraton and Westin.

In 2016, Vanke Group merged the two ski resorts of Vanke Songhua Lake and Qiaoshan BDH, and set up a joint venture Jilin Wanshan Snow Industry Investment Consulting Co., Ltd., as a consortium jointly operated.

In the tide of development for the Chinese snow industry, a batch of snow companies have developed rapidly. Under that context, Beijing Carving Ski Group came to the fore. As a comprehensive enterprise group engaged in the one-stop service of the ski industry, it has six subsidiary companies covering ski resort planning and design, ski equipment sales and leasing, ski resort management, research and development of national brands of snow products, investment in ice and snow tourism projects, and import and export trade. Its business is extended to all ski areas in China, and its services to hundreds of ski resorts, cemented by strategic partnerships. It foreign businesses have been extended to Asia and Europe, aside from business contacts with more than 10 overseas companies. Beijing Carving Ski Group has been publicly listed on the stock market to become "the first stock in the Chinese ski industry." In June 2017, its Chairman Zhang Hongjun was given the honor to visit Europe in the entourage of Premier Li Keqiang, for discussing the plans for promoting the globalization of Chinese ski projects. The goal of its executives is to "strive to become a domestically leading modern enterprise group featuring internationalization and sustainability."

In addition to the traditional snow businesses, 2015 was also the first year of "Internet+Ski" entrepreneurship. A group of entrepreneurial projects emerged under the concept of "Internet+Ski." A batch of O2O products including GoSKI Skiing, Just Ski, Ski Assistant and Snow Orange was launched in the market, each took their positions to seize the market share by subsidization.

Overseas capital also swarmed in. On February 15, 2017, ISPO, the largest comprehensive fair for the global sportswear and sports fashion industry in operation for 47 years, opened a branch exhibition in Beijing.

At the event, the number of exhibitors from the field

of ice and snow increased to 70, accounting for 20% of the total. Meanwhile, the ski industry chain involved became more complete, including not only skiwear and ski equipment, but also ski trails, cable cars, ski trail maintenance equipment, snowmobiles, snowmaking technology and other ski-related industries.

Overseas capital has always favored the Chinese market. Perhaps they have seen the potential of the Chinese market from the development of ice and snow industry in their homeland. In 2015, the output value of the Chinese ski market totaled about RMB 12 billion, and the number of ski trips reached RMB 12.5 million or 0.9% of the total population in aggregate. The number of participations was tantamount to only that of the United States in the early 1970s. ①

In developing the snow industry, China has begun to step up its efforts and the prospects are very promising.

① "*Interpreting the Three Major Changes in China's Ski Industry in the First Year of Preparing for the Winter Olympics*", Sina Sports, March 29, 2016

Appendices:
World Top Award for Ski Research

Prior to the publication of this book, the International Ski History Association (ISHA) honored Shan Zhaojian, the editor of the book, the ski history and cultural research expert of "Lifetime Achievement Award" and "Father of China's Mordern Skiing" in the United States on March 23, 2018. It is the highest award for world ski history and culture research.

ISHA announced in the award announcement released before the awarding ceremony: Leading Chinese ski historian Shan Zhaojian, considered the father of modern skiing in China, will be honored at the banquet with a Lifetime Achievement Award; he has led a long campaign to see the remote Altai Mountains of China, between Mongolia and Kazakhstan, be recognized as the possible birthplace of skiing more than 10,000 years ago.

Mr. Shan Zhaojian said in his acceptance speech: "The process of this study is long, extensive, comprehensive and hard, but it is also great!... I will make unremitting efforts! Become a veteran who will never retire from the world of ski culture area!"

the International Ski History Association(ISHA) honored Shan Zhaojian the history and cultural research expert of "Lifetime Achievement Afward"

Postscript

What can Altay do for the Beijing Winter Olympics? What can Altay and we expect from the Beijing Winter Olympics? Those are questions worth considering.

There are less than five years left for the Beijing Winter Olympics to begin in 2022, but the "Winter Olympic Effect" has begun to appear in China, with unprecedented momentum.

The acquisition of the right to host the Winter Olympics is a milestone event for ice and snow sports in China. The vision of "300 million people in ice and snow sports" will prompt more people to participate in them. The situation seems unprecedentedly favorable.

Drawing on the proposal of the Chinese central government for coordinated regional economic development of Beijing, Tianjin, and Hebei, the Winter Olympic Games will also play an important role in promoting coordinated economic and social development in the Beijing-Tianjin-Hebei region. It will also be of great significance for comprehensively controlling air pollution in North China, and improving the ecological environment. The effectiveness of will draw the admiration of millions.

It can be imagined that the 2022 Winter Olympic Games to be held in Beijing and Zhangjiakou will have a crucial impact on Altay, the cradle of human skiing. The rainbow of snow and ice will be a bridge connecting the three cities.

Altay has ushered in human ski culture. Embarking on the express train of Beijing-Zhangjiakou Winter Olympics, it will be better known to the world, with the rise of China's ice and snow sports.

We are full of expectations for the changes to be incurred by Beijing-Zhangjiakou Winter Olympics. And we will be waiting for them to materialize!

图书在版编目（CIP）数据

雪·鉴：人类滑雪的摇篮 / 单兆鉴编著. — 北京：北京出版社，2018.7
（冰雪鉴）
ISBN 978-7-200-14186-3

Ⅰ.①雪… Ⅱ.①单… Ⅲ.①滑雪—体育运动史—中国 Ⅳ.①G863.109.2

中国版本图书馆CIP数据核字（2018）第151586号

项目统筹 袁 海
责任编辑 刘 路
装帧设计 郭文化
英文编辑 黄雯雯
责任印制 毛宇楠 刘文豪
责任校对 路晓箭

冰雪鉴
雪·鉴
人类滑雪的摇篮
XUE·JIAN
单兆鉴 编著

出 版 北京出版集团公司
北 京 出 版 社
地 址 北京北三环中路6号
邮 编 100120
网 址 www.bph.com.cn
总 发 行 北京出版集团公司
经 销 新华书店
印 刷 北京富诚彩色印刷有限公司
版 印 次 2018年7月第1版 2018年7月第1次印刷
开 本 787毫米×1092毫米 1/16
印 张 18
字 数 250千字
书 号 ISBN 978-7-200-14186-3
定 价 128.00元
如有印装质量问题，由本社负责调换
质量监督电话 010-58572393
责任编辑电话 010-58572383